D1364688

THE FOURTH
EDUCATION
REVOLUTION

第四次教育革命

人工智能如何改变教育

〔英〕 安东尼·塞尔登　　奥拉迪梅吉·阿比多耶　著
（Anthony Seldon）　（Oladimeji Abidoye）

吕晓志　译

机械工业出版社
CHINA MACHINE PRESS

对于教育工作者，没有比迫在眉睫的人工智能革命更重要的事了。这本书呼吁世界各地所有的教育工作者都睁大眼睛去密切注视即将到来的一切。如果我们能做到这一点，那么未来将会对我们更有利；否则，有人就会替我们做出决定。以往的学校和大学教育体系很优秀，但只适合21世纪。第三次教育革命时期的工厂式大规模教学方法未能克服长久以来就存在的平等和公平问题。学生必须以规定的步伐来取得进步，这让一部分学生失去了学习动力，并让另一部分学生感到枯燥和无聊；尽管引进了新技术，教师却依然因为行政工作的压力而不堪重负；并且学校培养的学生的能力非常有限。第四次革命是否能够解决这些问题？一直以来，我们相信教学只能由老师来完成，但人工智能机器是否有可能会做得更好呢？或者至少可以与老师配合？人工智能将是一种在世界范围内传播优质教育的新方式，特别是对那些数以亿计的无法接受教育的人而言。人工智能的时代已经到来，我们必须拥抱人工智能并确保我们将其塑造成人类的最佳优势。如果这一步我们搞砸了，可能就没有第二次机会了。

北京市版权局著作权合同登记 图字：01-2018-3818 号。

图书在版编目（CIP）数据

第四次教育革命：人工智能如何改变教育／（英）安东尼·塞尔登（Anthony Seldon），（英）奥拉迪梅吉·阿比多耶（Oladimeji Abidoye）著；吕晓志译.—北京：机械工业出版社，2019.9

ISBN 978-7-111-63322-8

Ⅰ.①第… Ⅱ.①安…②奥…③吕… Ⅲ.①人工智能-影响-教育-研究 Ⅳ.①G4-39

中国版本图书馆 CIP 数据核字（2019）第 152634 号

机械工业出版社（北京市百万庄大街22号　邮政编码100037）
策划编辑：坚喜斌　　　责任编辑：於　薇
责任校对：李　伟　　　版式设计：张文贵
责任印制：孙　炜
北京联兴盛业印刷股份有限公司
2019 年 9 月第 1 版·第 1 次印刷
145mm×210mm·9 印张·3 插页·169 千字
标准书号：ISBN 978-7-111-63322-8
定价：65.00 元

电话服务
客服电话：010-88361066
　　　　　010-88379833
　　　　　010-68326294
封底无防伪标均为盗版

网络服务
机 工 官 网：www.cmpbook.com
机 工 官 博：weibo.com/cmp1952
金 书 网：www.golden-book.com
机工教育服务网：www.cmpedu.com

献给蒂姆（Tim）和莎拉·邦廷（Sarah Bunting）。在过去的十年里，他（她）们是很多杰出教育项目的启发者和支持者。

推荐序一

人工智能在全球的崛起，促使许多行业发生了深刻的变革，也引发了相关行业的布局调整和转型升级，例如工业、医疗、金融、交通等。然而，作为和我们每个人息息相关的教育领域，人工智能与其的深度融合还面临许多挑战，目前的教育模式仍以传统教育为主导，重大变革性的乃至革命性的探索依然任重而道远。正如作者所言，人类的历史从某种意义上来说就是一部教育的历史，以此视角，作者站在教育领域变革的维度，将人类的教育革命划分为四个阶段：即以在家庭、团体和部落中向他人学习为特征的有组织学习和必要的教育构成了第一次教育革命，以制度化教育为特征的学校和大学的到来构成了第二次教育革命，以印刷与世俗化为主要内容的大众化教育构成了第三次教育革命，以人工智能、增强现实和虚拟现实等为主要内容的个性化教育构成了第四次教育革命。

通过对这四次教育革命的剖析，作者展现了技术进步带给教育变革的影响。尤其是看到了随着技术的发展，前三次教育革命虽然在一定程度上提升了学习质量、减轻了教师的负担，但并没有改变教育的基本模式。传统大规模教育的模式仍然存在显著的弊端，尤其在学生的全面发展、学习模式的创新等方面劣势明显。事实上，无论是基础教育，还是高等教育，自第三次教育革命后的几百年来，虽然有一些重要的改革和事件发生，例如18世纪初的普鲁士君主腓特烈·威廉一世推行的义务教育制和公立学校制，以及"课堂"教学模式，但就教育中"教与学"两个主体的关系、教育教学组织模式以及教育教学手段和技术而言，传统方式仍然是当下教育体系的主流形态。近年来，一批国外互联网和信息行业巨头已将目光投向了教育领域，探索如何使新技术与教育紧密结合，试图推动新教育革命的发生。在我国，教育领域和商业领域共同推动的新技术与教育的结合同样是风云涌动、大潮渐起，从互联网巨头跨界、抢占滩头，到AI新贵崛起，再到一个个解决方案落地，都无疑宣告着同一信号：教育领域正处于新技术变革的活跃期，一场教育革命可能正在到来。但是，新一代信息技术，特别是人工智能科技的发展能否真正催生教育革命，除了技术因素之外，还有许多教育本身深层次的问题需要破解：如何培养学生们的创造性思维和思辨能力？如何解决规模化教育下的个性化培养和因材施教问题？如何在人工智能场景下，使教师的情感和睿智与学子们一双双求真的目光碰撞出火花并引发互动？新技术能否将教师从繁重的行政工作中解放出来？凡此等等，这些正是新一轮智能科技催生第四次教育革命的关键；也是为什么在新技术运用中，高等教育往往滞后于其他教育形式，乃至其他领域的难点所在。新一代信息技术，尤其是人工智能，带给学校的究竟是机遇还是挑战，未来的学生、教师、学校如何加以应对，我认为至少有以下问题需要关注：

全面开发学生的潜能。以功利性为导向的狭窄教育模式，往往注重的是最大化的个人短周期能力和发展个人的一般性认知技能，以获得当下个人就业的优势和具有一定发展能力的教育前景，而容易忽视培养和这些目的性不直接相关，但却和人们长远、全面和可持续发展紧密联系的潜在素质，而给学生探索自己的内在天赋没有留下太多的空间。而人工智能的发展给了学生自主学习更多的选择和可能，并将学习的主导权从教师和学校转移到了学生自己手里。学生们可以根据自己的兴趣、志向、爱好和需求等，有针对性地制订学习计划，选择对自己全面发展有益的课程，使自己从枯燥乏味的规模化、工厂式的教学场景中抽身出来，进而发展自己独立思考的能力。学生不再像生产线上的产品一样，经受着传统教育体系的"规格化"塑造，遭受教育同质化和缺乏个性化教育的羁绊。人工智能避免了学生经历一段没有个性、空洞和麻木的学习过程，帮助他们发现自己独特的天赋，让他们的个性逐步成长起来，养成终身学习的习惯，满足多元智能的发展，从而为其今后走向职业生涯、为社会做贡献以及拥有幸福人生奠定真正的基础。也就是说，人工智能的发展为学习者提供了一种独特的教育体验和全新的机会。

教师更专注于教学。通常，教师们会被编写教材、撰写教案、批改作业、管理课堂、记载和评估学生的成绩等各项事务所缠身，使得能够真正花费在教学上的时间和精力往往很有限，更不用说针对每个学生的学习情况制订个性化的教学方案了，最终成了日复一日、年复一年循环往复的"教书匠"。虽然计算机技术的发展在一定程度上缓解了教师们的工作压力，使得教学方式更现代、更便捷、更省时，也更积极，但是也并未从根本上解放教师，只是使其教学更具效率而已。而将人工智能与教育教学过程深度融合，可使教学资料的准备、课堂组织、作业布置和批阅、期末考试、撰写总结报告等环节实现智能化和迅捷化，并确保所有学生都参与学习。教师借助智能人机互动、虚拟增强教学、智能评阅管理等功能，还能对整个班级进行个性化的评估，准确掌握每名学生的学习情况，从而将更多的时间和精力放在因材施教上。从某种意义上来说，教师的身份也从教导者转变成为引领者、组织者、鼓励者和合作者。

智能将成为校园的一般特征。物联网和大数据、虚拟现实、增强现实、混合现实、量子计算等科技的快速发展，使教育机构能够处理从学生那里收集到的海量信息，从而制定适合学习者的更有效的学习内容和学习方式。例如，通过给学校的教学楼、教学设备、教师和学生装备传感器，可以有效感知学生的学习轨迹、教师的教育水平。通过人工智能辅助设备，例如利用面部识别和预印识别技术，以全息图的方式实现学校管理和服务部门与学生和教师之间的互动，高效感知学生的身体状况以及学习中可能存在的问题，从而有针对性地改善教学质量。通过引进虚拟现实、增强现实和混合现实设备，可以提升教学体验，保障跨地域的学术研讨和交流，促进教学实验的有效展开。未来的学校也将是一个更加开放的体系，学习既可以在教师的辅导下进行，又可以在与教师的合作中完成，学校的存在成为一种提高教学体验的支撑辅助平台。从这个意义上来说，学校更像开放式的学习体验和办公场所，学生根据自己的学习目标在智能平台上完成个性化学习，教师成为组织管理或者辅助学生学习的合作者和引路人，学生们不必每天都呆坐在教室里。总之，未来的学校将会真正以学生为中心来建设，从这个意义上来讲，学校在未来转变成了用于学习、研究、讨论和创新的开放式的工作体验空间。

虽然每个教育机构对人工智能的态度不尽相同，但是人工智能确实在改变着教育。正如本书作者所说的，如果我们错过了第四次教育革命，可能就不会再有第二次机会了。教育者更应该审慎地看待第四次教育革命，根据当前的实际教育情况，拥抱人工智能带来的各种机遇；但也要清醒地看到单纯的技术主义可能带来的各种风险。本书作者作为白金汉大学的副校长，能够站在全球教育领域发展的宏观视角，深入剖析教育变革的发展趋势，为我们展开了一幅即将到来的或者正在进行的教育革命的波澜壮阔的画卷，令人钦佩。本书所阐述的理念和场景，是教育从业者亟需了解和认识的。只有积极了解第四次教育革命，才能经受得住这股浪潮的洗礼，做出积极的应对。我极力向教育同行们推荐本书，希望我们能够清醒地认识到人工智能对教育的改变以及对未来的深远影响。

教育部高等学校机械类专业教学指导委员会主任委员

辽宁省科协副主席、东北大学校长

赵继 教授

推荐序二

　　能够为《第四次教育革命》一书作序，对于我来说是一件很愉快的事情。由于是跨行业参与到教育领域中，并实质性地尝试推动和进行教育创新，因此我对于本书的主题有着同样的思考和共鸣。

　　我是生活在中国这块"创新大陆"上的一员，亲身经历了互联网、移动计算、大数据、虚拟现实、增强现实、混合现实、人工智能、区块链以及 5G 等一系列新技术的使用，切实感受到了这些新技术对我们过去 15 年生活的方方面面的巨大改变。

　　我们现在已经习惯了不再带现金或信用卡出门，只带着手机就可以完成几乎所有生活中的支付场景；80 后已经习惯了不再打开电视，而是使用 App 看视频节目；就连我的父亲，一位 70 多岁的老人，也主动要求我给他买一个智能手环，跟踪他日常的活动量和心率指标，科学管理健康。无论我们是否承认，我们的生活真的发生了巨大的改变。

　　然而，当我满怀着教育情怀和梦想从电商行业转行到教育领域时，发现该领域仍是一座真正的"象牙塔"：教学工具还停留在使用"大纲式"教材，还在坚持着重复机械的"训练—知识检验—训练"的教育理念——20 世纪初以巴甫洛夫和桑代克的研究成果形成的教学方法并未发生质的改变。信息时代对教育领域的冲击似乎只是停留在 PPT、智能教室以及"论文/作业查重"阶段就戛然而止了。

巧合的是，我曾担任由清华大学发起的中国第一家慕课平台：学堂在线的总裁。在各方面力量的支持下，学堂在线厚积薄发，用了两年多的时间快速成长为仅次于 Coursera（由斯坦福大学教授创办）和 edX（由哈佛大学和麻省理工学院发起）之后的全球第三大慕课（MOOC）平台，每年为上千万名学习者和上百所大学提供在线课程学习服务。慕课大规模、低门槛、易获得的特点引发了促进教育公平的革命。例如，学堂在线平台上最小的学员，仅为 8 岁的小学生便完成了大学课程的学习和考核，并得到了教师签发的认证证书。可以说，结合中国的实际情况和世界发展趋势，我国的慕课领域探索出了一条与国外的发展路径不完全相同的道路，充分借助新兴技术推动解决中国的教育问题。

不得不说，本书是一本"学术味"很浓的书，作者安东尼·塞尔登身为白金汉大学的副校长，有着数十年的教学和教育管理经验。他在本书中首次提出了第四次教育革命这一理念，为教育界同行和对教育领域感兴趣的人们献上了人工智能如何改变教育的思想盛宴。

在本书中，我们不仅可以领略作者引经据典、旁征博引的学者风范，还可以获取系统化的背景综述和论断推断过程。同时，本书结合大量案例，分析正在进行中的教育革命：从虚拟现实带来的令人称奇的教学体验，到深度学习带来的人性化、个性化的教学模式，都在说明着这一变革浪潮的来临。人工智能等新型技术已经在悄然改变着我们每一位教育从业者。

从我们的实践来看，在当前这个时代，只要学生愿意学，我们就能实现"有教无类"；而通过我们在教学大数据和人工智能方面的应用探索，"因材施教"也似乎指日可待。然而，围绕各种新兴技术的兴起、发展和应用，人类总是会遇到新的问题，而且往往不是应用问题，更多的是底层思维的变革甚至是新的伦理问题的出现，在教育行业中同样如此：比如教师是否被替代？传统大学是否会消亡？大量数据分析背后对学生的隐私保护是否涉及伦理问题？我想，每个人都会因经历和感受不同而有不同的判断，并在阅读完本书后产生新的思考。

很有意思，人工智能（AI）的汉语拼音的读法恰恰和汉字"爱"的读音是一致的。这恰好提醒了我们：在应用 AI 的时候，不要忘记要有爱在其中，因为教育的对象是人，不是技术，更不是机器。

本书作为一本从教育的发展历史出发，详细论述历次教育革命的经典之作，值得每一位教育从业者仔细阅读。教育决定着这个社会的明天，让我们拥抱变化，通过教育让人类的未来更加美好。

慕华教育研究院院长

慕华资本管理合伙人

李超 博士

推荐序三

在人类社会发展的长河中，技术革命和社会变革从来都是耦合在一起的，相互作用、相互影响，协同推动着社会的进步。每次随着重大技术变革，教育也必随之调整，以期通过教育使人类更好地适应不断变化的社会。

近些年来，伴随着以人工智能和大数据为代表的新兴技术革命的到来，教育将再次发生重大变革。由于人工智能替代的是人类最引以为傲的智力，因此它对社会各行各业影响的深度和广度也将远超过去。不同权威调研机构对未来行业和就业趋势的预测都表明，在未来二三十年，将有很多岗位会被人工智能所替代，尤其是一些重复性和标准化的工作，更将被大量替代。因此，工业化时代所培养的具有简单操作技能的人员将难以适应社会发展的要求。这就需要教育体系为未来社会培养更具创新力、合作能力且具备解决复杂问题能力的新型人才。

然而目前在世界范围内，教育体系仍然是以"教"为中心，一所学校甚至一个城市的学生使用同样的教材，遵守同样的教学进度，学生被动地按照同样的节奏进行学习。这种教学体系培养出来的流水线型的标准人才，既无法满足绝大部分未来职业的需要，又会因为互联网教育、知识大爆炸等因素而被社会淘汰。因此，未来的教学体系必然会从以"教"为中心走向以"学"为中心，按照学生的个人特质制订个性化的教学方案，从而使学生可以更好地发挥自己的潜能。

另一方面，技术革命也为教育体系向以"学"为中心的转变提供技术支撑。过去，老师将大量时间花费在枯燥的行政工作、格式化的备课和重复批改作业等工作中，而没有时间组织学生展开知识探究、项目式学习和个性化学习活动。尤其是当前的大班制学习，更是让老师无法根据学生的个人特质给予学生有针对性的指导。而在互联网学习环境中，以数据为核心的人工智能技术可以辅助老师大幅提升行政管理工作的效率、降低备课和作业批改等重复性工作的强度。通过教与学形成的过程化数据，能够帮助老师更准确地掌握学生的知识掌握情况和能力特征等，从而给学生提供更有针对性的学习方案。学生在现实和网络虚拟环境中，可以采用线上、线下相结合的自主学习和合作学习等方式，从而更好地掌握基础知识并深度开发自己的潜能，以使自己能更好适应社会快速发展带来的挑战。

本书系统性地阐述了过去几次教育革命产生的背景及教育的演进过程等内容，可以让读者从两个层面更深入地理解新时代的教育特征。第一个层面是撇开技术看教育本质，无论技术如何变化，人总是通过接受教育来更好地适应社会，更好地实现自我价值，教育的本质是不会变化的。从这个层面来看，本书提供的视角能帮助我们在瞬息万变的社会中，把握住教育的本质。在另外一个层面，我们需要考虑学习的时代特性，对于本书中重点论述的人工智能等技术如何影响教育，及教育应如何改变等观点，值得每位读者进行深度思考。如果大量简单且具有重复性的岗位被机器所替代，我们及孩子们应具备什么样的能力，才能使人工智能这一强大的工具来更好地为自己服务，避免让自己变成被机器替代的"无用"阶层。

无论你是学习者还是教育者，本书都值得一读。作为学习者，本书可以使我们更好地理解当今的教育，从而让自己的学习更有成效，避免自己成为技术变革的"牺牲者"。作为教育者，可以在新兴技术的帮助下，更快地转向以"学生"为中心的新型教学方式，更快地提升教学效率和效果。

科大讯飞股份有限公司执行总裁

吴晓如 博士

推荐序四

因为在清华大学经济管理学院任教和创办互联网商学院营创学院的原因，我经常获得一份特殊的"福利"：每当有商业类的新书问世，各大出版社就会经常把新书寄给我，邀请我提前阅读并为新书撰写推荐序。然而，因为时间关系，我很少为图书写序。但这一次，我欣然应邀为机械工业出版社即将出版的《第四次教育革命》一书写序，原因只有一个：教育对每个人都太重要了，重要到可以改变命运。然而，今天的教育确实也到了需要革命的时候！我创办营创学院的原因，就是希望尽自己的努力来改变教育。

我就是"教育改变命运"的受益者。出生于福建农村的我，10岁之前由于在乡下小学读书，连普通话都不会说。真正帮我改变命运的，是我的母亲。为了给我带来更好的教育机会，母亲放弃了在乡镇企业里待遇较好的工作，调到县城图书馆，我便一同转学到城里读书，并开始有机会阅读大量图书。也正因此，我才从一个只能玩泥巴的乡下小孩慢慢变成了一个爱学习、爱读书的孩子，并在后来如愿考入全县最好的中学，随后又考入清华大学和哥伦比亚大学。正因为有了这番经历，回到清华大学任教之后，我一直希望能够用所学帮助更多的人。

然而在今天，传统的精英大学模式由于学费高昂或门槛极高，只能惠及少数人，大多数人都没有我当年考入清华大学和哥伦比亚大学并改变自身命运的运气和机会。正是在这种背景下，在"教育改变命运，我们改变教育"这一理想的引领下，2017年年初我创办了营创学院，立志打造一所人人都上得起的"哈佛商学院"，目前已在互联网上免费推出了上百期国内外原创作者解读著作的音、视频节目，并面向广大中小企业家和创业者们推出了"用1%的学费，上哈佛等全球顶级商学院师资亲授的线下EMBA"项目，每个月都邀请来自哈佛大学、沃顿商学院、斯坦福大学、加州大学伯克利分校、哥伦比亚大学等全球顶尖大学商学院的教授来中国，面对面地为企业家和创业者们授课，获得了社会的积极反馈。截至今天，已有数千位企业家参加了学习。2019年6月23日，营创学院还获得了营创EMBA校友企业家、凯盈集团董事长张炳光先生的百万元奖助学金捐赠，这对我坚持理想是极大的鼓励！

机械工业出版社即将出版的《第四次教育革命》一书无疑为教育革命更广阔的未来指明了方向。本书是目前国际上唯一一本站在人工智能的角度，深刻审视教育领域变革，并首次提出第四次教育革命这一理念的著作。我相信，随着人工智能技术的发展，第四次教育革命会给全社会和每个人带来更加不可思议的教育机会。而这也正是机械工业出版社、营创学院和我本人一直共同努力的目标。

教育改变命运，我们改变教育。让我们一起努力！

清华大学博士生导师、营创学院院长

郑毓煌 教授

前　言

教育，人工智能故事中的灰姑娘

对于教育工作者，没有比迫在眉睫的人工智能革命更重要的事了。这本书呼吁世界各地所有的教育工作者——无论是小学、初中、高等教育机构——所有国家的教育者，都要睁大眼睛去密切注视即将到来的一切。如果我们能做到这一点，那么未来将会对我们所有人有利；否则，其他人——大型科技公司、政府甚至是不法之徒就会乘机而入，那时我们将只能够责备我们自己。

教育确实是人工智能中的"灰姑娘"——一个被长久忽略的话题，我们听说过很多关于人工智能在运输、医药、工厂生产线甚至是战争的应用，但教育领域却相对被忽略了。吉姆·艾尔—哈利利（Jim AI-Khalili）的科普著作《未来来了》，就为我们描绘了人工智能的未来。在这本书里，几乎所有的话题都被提到了，例如律师学校和大学教育。但在过去三年里出版的有关人工智能影响力的系列书籍几乎都忽略了教育。专注认知科学领域研究的玛格丽特·博登（Margaret

Bodenhe）教授著述颇多，她在其著作《AI：人工智能的本质与未来》中认为，"人工智能在中小学和大学的应用受到了相对忽视，但这方面需要我们密切地关注"。本书采访的许多其他人工智能领域中的杰出的人物，包括蒂莫西·奥谢（Timothy O'Shea）和奈杰尔·沙德博尔特（Nigel Shadbolt），看法都颇为相似。

本书阐释了作者认为人工智能亟须激进而紧迫的变革的观点。在第 1 章中，我们回顾了历史上在第四次人工智能革命之前的三次教育革命，这使我们能够以一种不同的视角来看待它的影响。第三次教育革命始于 500 多年以前，尽管在过去的 50 年里新技术和数字化带来了巨大影响，但是我们今日所用的教室/演讲厅与 1600 年前的基本相同。

在第 2 章里，我们把教育分解为教学的五个步骤和学习的五个阶段，这是思考如何使人工智能产生革命性影响的必要的前提。在这一章里，我们还研究了"一个受过教育的人"的定义是什么，以及是什么造成了当今时代学校和大学的教育目标依然那么狭隘的局面。

第 3 章回溯了第三次教育革命，这次革命成功引进了大众教育，扩大了大学招生规模，却没有克服教育领域五个旷日持久的难题。精英阶层继续统治着顶尖教育机构，社会流动性一直令人失望；学生必须以一个固定的速度取得进步，这使一些学生泄气，又让另一些学生厌烦；尽管有了新技术，但教师们依然被日常的管理工作压得喘不过来气，这使得他们无法将全部的精力集中在真正的教学上；当前的教育模式只注重教育很狭窄范围内的智力和才能；这最终导致教育往往是被动进行的，对鼓励学生的个体发展起不到什么作用，因为教育体系只教学生给出"正确"答案，它使学生同质化而不是个性化。

第 4 章阐述了人类智能的问题。它探讨了智力究竟是只有一种形式还是有多种形式，探讨了主流文化怎样影响了我们对智力的定义。本章探讨了不同种类的智能，包括军事和国家智能、集体智慧、情商、精神智慧，以及自然商等。本章得出的结论是，第三次教育革命时代在定义我们通常所说的"智能"以及"智能"真正的含义方面做得很糟糕。

第 5 章考察了人工智能的进化过程，探讨了机器是否能够思考，它们是否总是服从于人类的意志。如果答案为"是"的话，它们服从于哪类人。本章进一步解释了为什么和目前的数字化技术相比，人工智能、虚拟现实和增强现实具有完全不是一个级别的复杂性和潜力。本章最后向我们介绍了一系列我们需要考虑的概念，包括机器人技术、人脸识别、超人类主义和奇点。

接下来的三章讲述了在未来的 12 ~ 25 年中，人工智能革命将会发生怎样的演变。人工智能革命开始于几年前，仍处于起步阶段，但它在不久的未来将对中小学和大学产生不可估量的影响。这三个章节重新探讨了第 2 章所提及的教学模式，并揭示了许多我们认为只能由老师来完成的任务而实际上可以由人工智能更好地完成。我们关注了人工智能革命对发展中国家的影响，那里有超过10亿名儿童需要接受教育。这些孩子目前还得不到足够多的高质量的教师的指导；而人工智能是一种将优质教育传播到全世界的全新方式，尤其是在非洲和南美洲以及南亚次大陆，对发达国家的弱势学生群体亦是如此。

本书第9章和第10章阐述了人工智能的广泛影响。第9章讨论了即将到来的第四次教育革命给教育带来的利益与风险。第10章更广泛地讨论了人工智能致力于为人类提供更好的教育和体验时所面临的威胁和前所未有的挑战。

本书第11章提出了一系列的建议。最重要的是，它强调我们必须把教育放在人工智能战略的核心位置上。没有什么比这个更重要。我们必须拥抱人工智能，并确保它为人类带来最佳利益。我们没有理由回避这个历史任务。如果我们错过了，可能就没有第二次机会了。

安东尼·塞尔登

目　录

第 1 章

前三次教育革命

　　教育的历史就是人类的历史。在人类漫长的历史上，只发生过三次教育革命。接下来，人工智能、增强现实和虚拟现实将成为第四次教育革命的内容——人工智能等就是如此重要。自从 2016 年 1 月世界经济论坛以来，我们听到了很多关于所谓的"第四次工业革命"的信息。但是现在，我们需要对第四次教育革命更加警醒。

　　今天的学校和大学将会得到生活在 1600 年前的我们祖先的认可。为什么这样说？因为今天的讲师和教授仍然占据主导地位：他们是权威（某一学科的大师）和拥有权威的人（他们控制学习环境）。在今天的教育场景里，教师通常站在教室的前面；学生按年龄分组，班级规模一般在 20 ~ 50 人；一天会教授不同的科目；年纪大的学生可以在藏书和视听资源丰富的图书馆里学习；教师和讲师为学生准备和标记常规测验和定期考试，这些结果将决定学生是否能通过某门学科、课程或学位的测试，以及以何种等级的成绩通过。

这些教育模式中的大部分将被第四次教育革命清除，现存教育模式的每个方面都会面临变革。

第一次教育革命：有组织的学习，必要的教育

在家庭单位、团体和部落中向他人学习构成了第一次教育革命。我们也可以说，正是这种学习构成了人类的起源。人类的发展不是在地球上一个确切的地点发生的，也不是在一个确切的时间发生的，它发生在跨越几十万年的时间长河里，发生在地球上不同的地方。然而，我们可以标出关键时刻。大约250万年前，在现今埃塞俄比亚的区域出现了一些人类最早使用的石器，这表明学习是代代相传的，父母把如何使用这些工具割开动物的肉和磨碎骨头教给自己的孩子。原始人（类人猿，包括人类祖先）开始系统地传授如何狩猎、如何建立季节性的营地、如何使用火，以及如何长距离迁徙的知识。

第一次教育革命时期的日常生活围绕着生存和培养下一代运转，它几乎没有留给休闲、艺术或遐想任何时间，快乐更多是来源于身体的体验。那时生活艰苦、流动性大，这种情况在很长一段时间内都没有什么变化。直立人是人类祖先的一种，大约180万年前开始在撒哈拉以南的非洲地区繁衍生存，后来在大约100万年前迁徙到北非和近东，50万年前到达北欧。

智人直到距今大约 20 万年前才出现在非洲，他们的大脑已经进化到了和我们现代人的大脑差不多大小，他们的发声器官也逐渐进化，这促进了语言的发展。大约 10 万年前，智人开始从非洲向外迁徙，距今 6.5 万年前到达澳大利亚，3.5 万年后到达美洲。智人曾与东亚的直立人、西亚和欧洲的尼安德特人[⊖]共存过一段时间。但智人更为复杂的社会理解力和适应性，使得他们比其他原始人发展得更好，并最终胜出：直立人大约在 14 万年前消失，而尼安德特人在距今 4 万年前消失，他们都留下了大量的石器，这说明如何使用石器的知识在那时就已经成功地代代相传了。

　　到第一次教育革命结束时，智人可能已经成功胜出了，但这一阶段的狩猎者和采集者只是勉强糊口；他们的日常生活与在第一次教育革命开始时的祖先的生活模式并无二致。

第二次教育革命：学校和大学的到来——制度化教育

　　第二阶段的制度化教育，是在公元前 1 万年最后的一个冰河时代结束后被引入人类历史的。从这时起，随着粮食的稳定产出和部落的发展，人类开始定居生活。农业技术的改良鼓励

　　⊖　尼安德特人是一群生活于旧石器时代的史前人类，1856 年，其遗迹首先在德国尼安德河谷被发现。——译者注

人类一起合作，并使得公元前8000年至公元前4000年之间的人口增长成为可能。这种新的生活方式使人类在历史上第一次能够在定居的地方生活。很快，村庄和乡镇相继出现。这是文明的开始。

城市化几乎同时发生在四个不同的地区：埃及的尼罗河流域，底格里斯河下游和幼发拉底河流域的美索不达米亚平原，中国的黄河流域和印度的印度河流域。公元前3500年前，美索不达米亚平原出现了城市；公元前3200年，在埃及出现了城市；公元前2500年，城市出现在印度；公元前2000年，中国也出现了城市。文字的出现是四种文明的共同之处，文字与政治、商业和法律体系一道，协助管理更复杂的社会行政任务。这四个国家都出现了统治阶级以及各自不同的宗教体系。

这些新形成的社会需要学习一系列新的知识，涉及农业、贸易、法律、公民以及社会、技术和宗教等方面。新兴文明的复杂性要求一种更系统的教育形式，这是与在第一次教育革命阶段随时随地传授应用性知识的教育形式迥然不同的。

写作对于跟踪商业、记录税收和工资的细节，以及记录法律的流程是至关重要的。写作也被广泛用于宗教，用来记录神圣文献、传统和神话。写作似乎是在公元前4000年末期的埃及和美索不达米亚最先出现的：苏美尔人把他们的语言——楔形文字——写在泥板上，然后晒干烘烤这些泥板；而埃及人则写在莎草纸上，莎草纸是用沿着尼罗河两岸生长的莎草芦苇纵横交织的纤维做成的。每个社会都演化出了一种具有表征性的语言形式，包括语言的语音形式。例如，苏美尔语是附加性的：每个音节都有一个意义，这些音节可以组合起来创造新的意义。因此，"水"和"头"的符号可以放在一起，以表示"源头"或"起源"。我们今天已知的最古老的字母表大约是公元前 2000 年在埃及被创造出来的。

写作是一种需要后天学习的精确而复杂的技巧。以系统而有条不紊的方式教授写作的需要几乎不可避免地促成了制度化学习的发展。"学校"一词起源于希腊语词汇 skhole，意思是"休闲、哲学或演讲场所"，这也是"学术"一词的词根。在希腊的教育中，paideia 一词既指文化又指文明，暗示了现代教育系统正逐渐忘记的一些东西：个人的整体发展包括身体和精神两个方面，而不仅仅是思想和大脑。

第一批教授写作的学校大约出现在公元前 2500 年，在美索不达米亚的巴比伦，这些学校被称为"碑室"。国家或宗教组织与学校之间的紧密联系是这一时期教育的共同特征，这一点从历史上最早被记载的学校就开始了。幸存下来的许多学校碑文都是在寺庙中被发现的，并且记录了当时很多重要的日常事务。柏拉图学院和亚里士多德学院都是名义上的礼拜场所，而宗教学校是许多地区唯一的正规教育机构。

公元前 2000 年的一块碑文为我们提供了当时苏美尔人教育的相关情形。学生把午餐带到学校，在学校的监督下吃完。

老师被称为"学校里的父亲",他会通过让学生死记硬背和监督学生抄写课文来指导他的男学生(女孩不可以上学)。当时学校教授的课程包括苏美尔语、算术和簿记。教室里的纪律由一名勤杂工、一名教师和一名督学来维持,他们对一些我们今天仍看作是过错的行为进行惩罚,如上学迟到,随便插话,不请假就离开等。学校分为三个不同的年级。一年级学生通过抄写词汇表来学习写作的基本知识;二年级学生进行更复杂的练习,包括学习一些复杂的文化概念和巴比伦文化的价值观;三年级学生则学习更专业的行政、会计和宗教写作。

在雅典,除了军事训练外,国家在学校教育中很少扮演正式角色,但雅典学校从公元前四五世纪开始便蓬勃发展。基础教育包括阅读和写作,在接受完基础教育之后,来自贫困家庭的年轻人将学习一门手艺,而来自富有家庭的孩子将学习绘画和雕塑,以及修辞学、数学、地理、自然历史、政治和逻辑等。在斯巴达,教育模式是不同的,国家非常重视年轻人的身体发育,服从、勇气等美德和保持身体状态完美的技巧被传授给年轻人,当时的纪律也很严格。

大学

在"欧洲中心主义"观念的影响下,大学一直被视为起源于西欧。大卫·威利茨(David Willetts)在他影响深远的著作《大学教育》的开篇里说道:"大学是欧洲送给世界的最好的礼物之一……欧洲的大学孕育了文艺复兴时期的人文主义,推动了宗教改革,引领了经验科学的兴起,促进了批判历史的出现。"

看上去,拉丁语单词 universitas 成为专业术语似乎是机会使然。universitas 是中世纪时被广泛使用的术语,是指"具有共同利益和独立法律地位的人的集合或团体"。Studium generale 是一个更符合我们对中世纪新兴大学的角色理解的当代术语。Studium 指有明确的学习课程的学校,generale 则表明学生从外地而来。Studium generale 这个术语指一项重要的权利,用拉丁语表述就是 ius ubique docendi,也就是说,"拥有 Studium generale 的学位的人,无须经过进一步培训,就可以在其他任何大学里任教"。这种权利赋予了拥有 Studium generale 学位的学生无论在哪里都有有效的教学许可证。

欧洲第一所大学是 1088 年在意大利北部的博洛尼亚建立的,这是一所和宗教无关的世俗大学;其次是巴黎大学,大约建立于 1150 年,起源于基督教。这两所大学分别在 1158 年和 1200 年得到了特许。英国第一所大学——牛津大学,诞生于 1167 年,当时的亨利二世禁止学生去巴黎旅行。不久之后,剑桥大学和法国南部的蒙彼利埃大学也获得了特许。法国、意大利和西班牙的其他几所大学紧随其后。而第一所"德国人"的大学布拉格大学于 1347 年成立,维也纳大学则紧随其后。

博洛尼亚大学和巴黎大学是在 Studium generale 系统下第一批获得选举自己官员的权利的大学，并且拥有制定法令的权力和共用公章。

然而，世界范围内高等教育机构的建立早于欧洲的发展。在公元5世纪，东印度的那烂陀作为一个学习中心而发展起来。在那里，学生可以翻译几年宗教文本后回家。其他的学习中心也提供大乘佛教的教学，还有哲学、梵文语法、逻辑和医学的教学。12世纪末，穆斯林的扩张摧毁了古印度这些教学目的非常明确的早期的学术繁荣。

在中国，儒家思想推动了其他学术中心的发展：受儒家思想启发的思想家认为，教育是培养人类美德与维持良好社会治安的关键。早在公元前，中国就建立了一所大学[○]；到公元前1世纪末，有大约3000名学生在这所大学里学习做官的艺术。公元前7世纪开始的中国印刷术的发展，促进了中国早期大学图书馆和学术的发展，这也说明了当时的当权者对文化成就的关注，而不仅仅是在意军事的扩张。

在12世纪文艺复兴时期的西欧，学习和使用拉丁语开始复兴，这有力地促进了社会对于大学的需求。大学可以将阿拉伯语和希腊语翻译成拉丁语，这就使得欧洲学者能够阅读柏拉图、亚里士多德等人的著作，并且促使人们恢复了对罗马法的兴趣。

○　此处是指中国的太学，是中国古代国立的最高学府。

这些文献为人类知识的研究和传播，以及人类通过智力、知识和经验的累积来改造环境的能力提供了强劲的推动力。

当时的大学教授文科，包括三门主科（语法、修辞学、辩证推理），和稍微不那么重要的"四艺"（音乐、天文学、几何和算术），以及三个高级学科：医学、法律或神学。综上所述，三门主科和"四艺"组成了文科中的七门科目，并且可以使学生受益于这项研究，从而成为一个"自由"的人——这里的"自由"指的就是学生能够独立地为自己而思考，从而超越像工匠和劳动者那样的受限制的心智模式，免于花费一生时间去做如农耕或石刻那样单调重复的事情。

牛津大学和剑桥大学在数学和自然科学方面都享有盛名。学生与大师们进行争论，并准备"summas"，或称作"compendium"，就是对各种知识领域的总结。西欧的大学教育仅有少数人能够享受——能够阅读并且能够从学习中受益的精英阶层，当时所有的教学活动仍然是使用拉丁语进行。在整个中世纪，拉丁语仍然是西欧的通用语言。

第三次教育革命：印刷与世俗化，大众化教育

在第二阶段的教育革命中，教育一直是由享有特权的世俗人士和宗教人士才能享有的，这主要是因为欧洲的教科书必须手工抄写，所以数量受到严格限制。但所有这些都随着印刷术

的出现而改变了。雕版印刷术从公元 7 世纪晚期开始在中国使用，然后细纸被生产了出来，使用活字和刷子的印刷术也得以进一步发展。到 15 世纪末，欧洲大约有 75 个城镇建立了印刷厂。从印刷机发明到公元 1500 年间，大约有 2.7 万~2.9 万本书被出版。如果我们假设年平均印刷量大约是 500 册，那么到公元 1500 年，已经有 1300 万到 1500 万册印刷书籍在流通。与 1400 年欧洲的手稿写作量相比，产量增加了 60 倍。

教材开始第一次被大规模印制出来，覆盖了不同的学科领域，适合不同年龄段的学生，还适合在学生发展过程中的不同阶段使用。很快就有了近似现代形式的书籍。因为按字母顺序编入索引，新的出版物为读者呈现出了标准统一、编排一致、整体和谐的内容。印刷术加速了改变。复式簿记于 1494 年由一位意大利修士兼神学教授卢卡·帕乔利编纂，并被视为现代会计书籍的基础。大量的书籍以白话文书写；比起拉丁文，白话文的内容更容易被文化水平不高的人所理解，这大大增加了他们的阅读量。学习者现在可以更加自由地阅读和学习，而不用受制于必须去大学和学校里才能寻求受教育的机会。

当时的学科也开始发生实质性的变化。法律法规和意见分歧在跨越国界的范围内进行了广泛的辩论。医学研究是一门有待革新的学科。关于医学方法的最新研究和思考迅速传开，促进了基于严谨科学方法的知识的传播。16 世纪早期的宗教改革由于印刷机的出现而传播得更快。1517 年，以其 95 篇论文

（或称论辩）而著名的马丁·路德发起了宗教改革运动，他支持普及教育，支持使用白话文而非拉丁语。宗教文本被翻译成许多不同的语言，广为流传。简约版本《圣经》的出现表明了阅读的发展，因为这一版本的《圣经》显然不适合在天主教教堂的固定讲坛上使用。据估计，到1600年，至少有四分之一生活在德国的人具备阅读能力。德国的大学是引导宗教改革的机构之一。在英国也是如此，牛津大学和剑桥大学的规模不断扩大，但还是只有一小部分人可以享受其教育。到了1600年，大约2.5%的年轻人上了大学。

中世纪晚期，政治、法律和商业变得越来越复杂，新教也开始传播，这一切对学校和大学的发展都起到了一定的作用。但对大众，尤其是对城市人口的普及教育起到决定性推动作用的是18世纪初发生在英国的工业革命，以及19世纪选举权的普及。1833年、1870年和1902年英国颁布的一系列议会法案见证了国家越来越多地参与到了学校事务中。

1776年美国独立后，教育的发展上了一个新台阶，各州通过法律来促进义务教育的发展。在1852年（在马萨诸塞州实施）至1917年（在密西西比州实施）之间，美国开始实行义务教育。美国的第一所大学——哈佛大学——成立于1636年；紧随其后，耶鲁大学成立于1701年，普林斯顿大学成立于1747年。1789年的法国大革命给19世纪早期法国的普及教育和公立教育注入了活力，让·雅克·卢梭以及其他思想家为这一阶段的教育提供了启蒙。在第三次教育改革时期，教育在很大程度上是国家实施控制和影响的工具，这就解释了为什么教育在欧洲的传播是零碎的、渐进的和不平衡的。

19 世纪初，一种新的大学形式开始传播开来。拿破仑保留了中世纪的旧大学，又在 1808 年创建了法国精英教育体系（Grande Ecoles）⊖，作为所有大学的领导者，并发展了现有的 Ecoles（法国大学），教授对国家的繁荣发展开设极为重要的课程。作为回应，威廉·冯·洪堡 1810 年在柏林创办了弗里德里希·威廉姆大学（这所大学 1949 年以他的名字重新命名），这所大学因为注重科学研究及其对文化的理解，成为新型大学的典范。讲师获得博士学位的做法在德国的大学里越来越普遍。在美国，耶鲁大学于 1861 年颁发了第一个博士学位。后来这种做法从美国传播到了英国。第一个在英国颁发的博士学位是 1917 年牛津大学颁发的哲学博士学位。

在英国，在政府克服了牛津大学和剑桥大学反对创建其他大学的阻力后，英国各地的大城市——最初在曼彻斯特（1824 年）和利物浦（1881 年）——也开始广泛建立大学。当地实业家也鼓励这一举措，因为他们可以利用大学的研究和大学对其未来雇员的教育来获取商业利益。迅速发展的工业革

⊖ 这是法国特有的一种教育体系，直译为"大学校"，通常是独立于公共大学教育架构之外的高等教育机构。

命也见证了英国一大批私立学校的崛起，包括 1845 年建立的布莱顿学院和 1859 年建立的惠灵顿学院，还包括一些历史悠久的学校，包括伊顿公学和温彻斯特学院。在教育新兴资产阶级的子女的压力之下，这些私立学校开始大幅度扩张。在 19世纪，这些国家的公办教育无论在质量还是数量上都落后于这些私立学校。公立学校的发展姗姗来迟，其发展的一个推力是要为那些依据劳动法规定已经不能再合法雇用的儿童找到合适的职业。

尽管英国各地的学校一直在稳固地发展，但学校的课程仍然就如它在第三次教育革命兴起之初那样传统。在工业革命的刺激下，科学与技术的教学花了很长时间才渗透到课堂中，而且主要局限于私立学校，因为这些私立学校坚持同时教授拉丁语和希腊语。大学入学公开考试制度始于 18 世纪晚期的剑桥大学，19 世纪初开始在牛津大学实行。到了 19 世纪 30 年代，大学入学考试体系已经牢固确立，这在提高毕业生的成绩标准、确保学生顺利入学方面发挥了重要作用。考试的重点依然是死记硬背标准化的教科书内容。在查尔斯·狄更斯的小说《艰难时世》里，格莱恩先生坚持认为，孩子们就是"可以被事实充满"的瓶子，这是一种讽刺的写作手法。然而直到今天，以记忆事实为基础的学习仍然是一种常态。在过去 20 年里，这种观点得到了加强：一群新的狂热分子认为，考试成功是教育成功的唯一验证。

现代技术的出现，包括 20 世纪 60 年代的翻印技术、20 世纪 70 年代的复印技术、20 世纪 80 年代的词处理器、20 世纪 90 年代的计算机，以及 21 世纪的智能触控板，都在一定程度上提升了学习者的学习质量，尽管在减轻教师工作负担方面，它们几乎没有起到任何作用。这些技术没有改变教育的基本模式，只是推动了第三次教育革命的部分改进，使其更有效率、更快地到来。

大众教育模式仍然存在着非常根本的问题，它使世界各地的高质量教育成为精英阶层的专利。此外，每个孩子只有一小部分能力是在学校培养的；对大多数孩子来说，他们更大的潜力一生都处于休眠状态。

这就是为什么第四次教育革命的应诺如此重要和深远。

什么是教育?
什么是受过教育的人?

什么是教育?

第 1 章描述了教育如何被社会的、宗教的和政府的需求所推动的,如何响应着经济和技术的变化,如何在连续的三次革命中逐步形成的。那么,"教育"到底指什么呢?当我问从事教育工作的专业人士这个问题时,总是看到他们一脸茫然,这让我不止一次地感到惊讶。如果那些最直接参与教育的人,包括一些高等教育机构的领导人,都不清楚这个词的含义,那就意味着在评估人工智能的潜在影响之前,首先对这个概念进行一些探索是非常必要的。对教育含义的探讨构成了本书第 2 章的内容。

"教育"一词起源于拉丁文,指的是引导某人离开某个地方。拉丁文的"Educatus"是拉丁文"educere"的过去分词,译为"带出或引出"，因为前缀"ed"意为"向外"；词根"ducere"意为"引导"。人出生在这个世界上，即使不是一片空白的石板，也肯定是"文盲和数字盲，不了解他们诞生其中的社会或社会的规范和文化成就"。我们可以想象教育是一种如下图所示的过程：

一无所知──→全面教育

但什么是"全面"教育，谁来决定评判的标准？我们认为，第三次教育革命时期的教育机构有一个非常偏颇的概念：让我们首先研究一下教育是如何发生的，以及是在哪里发生的。

教育是如何发生的？

1. 正规教育

正规教育指的是由一个机构提供的、正式的教育结构。在这种结构里，教师或讲师组织学生学习，学生被分为班级、研讨会或授课小组。在世界范围内，学校传统上被划分为初级阶段——可以在学生 11~13 岁之间完成；然后是中级阶段——在经济发达的社会中，学生继续接受教育，并持续到他们年满 16~18 岁，或 19 岁；高等教育或大学阶段——针对极少数社会精英人才，可分为本科生和研究生两个层次。在许多国家存在的另一个层次的教育是继续教育。继续教育分为中等教育和高等教育，可以为学生提供一系列文凭和证书，学生可以一直学习直到他们开始接受高等教育；也可以接受某种专业技术的教育，以便可以在如工程或会计这样的行业里工作。所有这些机构的共同点就是，在学生离开最后一个正式教育机构时教育就戛然而止了，这是业界都心照不宣的共识。

2. 非教育实体机构实施的正规教育

许多职业，包括医学、法律、会计和金融，要求从业者在其职业生涯中需不断更新最新知识，并且经常需要考取晋升更高级别的专业资格。随着知识体系的日益专业化和复杂化，以及就业市场的变化，大多数年轻毕业生，不管他们从事何种职业，都需要定期更新知识。教育需要致力于做更多的事情来培养人的好奇心和求知欲，并发展人们自我完善和不断学习的人生态度。

很多企业正致力于吸引刚刚毕业的 18 岁的高中生，这些企业相信自身可以提供比大学教育更适合这些年轻人的定制教育。我们将看到更多的企业会在未来建立自己的高等教育机构和继续教育机构。许多志愿组织，包括童子军和青年工会组织相关机构（例如工人教育机构），以及国家信托基金等组织，都会通过户外活动、文化体验和授课学习来开展教育业务。

3. "非正式学习"

从出生的那一刻起，孩子就会向自己的父母和身边的其他人学习。在任何年轻人的生活中，父母都可以被看作是最重要的老师。对于世界上的许多孩子来说，在家上学是必要的选择。在英国，2016—2017 年，多达 30000 名孩子选择在家上学；而在美国，大约有 200 万人在家上学。在某种意义上，我们每个人都是自己的教育者，我们从自己身上学到的东西比从任何人或任何机构学到的东西都多。网络学习和互联网的兴起，为我们成为自己的老师带来了新的机遇。如果可以上网，那么几乎所有我们想知道的都可以在互联网上获得。这种学习的便利性在历史上从来不曾有过。

因此，仅仅把教育局限于在学校、大学或工作场所进行学习，我们就错了。奇怪的是，很多国家的政府都犯了这个错误。

教育的目的是什么？

如果我们想要了解人工智能在教育中的作用，并克服第三次教育革命的局限，我们就需要弄清楚教育的目的，唯有如此，我们才能看到人工智能如何能够基本地或理想地实现教育的目的。我们可以从历史的角度来看待教育的目的，理解为什么正规教育机构出现在历史的不同阶段；或者从功能的角度来看待教育的目的，强调教育起了哪些作用；或者从启迪的视角来看待教育的目的——我们希望教育实现何种目标。我们下面用到的方法是三者的结合。

1. 教育公民在经济和军事方面发挥积极的作用

政府很少出于慈悲和高尚的理由制定方针政策，秘而不宣的动机通常潜伏在堂而皇之的"官方话语"背后。世界各国政府都希望学校和大学培养未来的工人，让他们掌握相关技能；他们也希望培养自己国家的年轻人来维护国内秩序，并能够为保卫国家而战。这没有什么不光彩的，毕竟，如果学校不为人们就业做好准备，那么它们就没有履行好自己应尽的义务；而一个无法抵御外来侵略和打击国内暴力的国家，将不能为其公民服务。

英国从 1860 年（牛津大学在这一年开设了第一座体育馆）开始发展体育教育（PE）和体育锻炼（PT），但在第二次布尔战争（1899—1902）后，体育锻炼才真正得到重视和发展。发展体育锻炼的部分原因是为了提高儿童的身体健康标准，这样的话，如果欧洲再发生一场战争，那些被召唤参加战斗的人的身体状况，会比那时许多在南非参加布尔战争的年轻人要好。毫无疑问，在战争之后的 1902 年，英国政府颁布教育法就是源于此因。该法设立了地方教育当局，以改善小学境况和创建中学。对于当今的许多教育工作者来说，让年轻人做好长期军事准备的需要也许不是当务之急；但健康专家相信，年轻人能从日常锻炼中受益，从而使其身心保持健康。

教育的功利性目的仍然是一股强大的力量。2018 年 2 月，英国议会教育特别委员会主席罗伯特·哈尔丰（Robert Halfon）表示，太多的大学生尽管在大学阶段努力学习并且花费了昂贵的学费，但毕业后仅能得到"微不足道的回报"，因为他们的学习没有为工作做准备。他解释道："在英国，我们痴迷于获取各种学位。"在那些拥有类似想法的人看来，教育首先是为了给人们提供就业技能。这里的危险在于，我们难以保持平衡和清晰的观点："纯粹的"大学学位看起来是种特权，但雇主需要的技能会随着时间的流逝而改变。因此，致力于培养素质和好奇心的教育会使学生为将来的工作和生活做好准备，这种教育甚至比纯粹的贸易交易训练更有用。

2. 社会化

从出生的那一刻起，每个孩子就被社会规范所制约。在这个漫长的社会化进程中，学校和大学的教育作用到来得相对较晚。一些国家会强调爱国以及政治和经济价值观。在美国，除了夏威夷州、爱荷华州、佛蒙特州和怀俄明州这四个州以外的所有州的公立学校，教师必须安排定期朗诵"效忠誓言"（尽管这种做法越来越受到质疑）。教育家沃洛尼克·贝内（Veronique Benei）写道："直到最近，美国各州还深入学生日常生活的最细微的细节，以向其灌输公民的忠诚感。"

在英国，过去 30 年，人们的关注点集中在历史课程的内容上。传统主义者想要强调英国历史，而进步主义者则想淡化英国历史，强调世界历史；传统主义者更喜欢历史内容、关注社会中的领导者，而进步派则希望关注工人阶级、妇女、少数民族和非正常性取向群体（LGBTQ），希望他们可以成为历史的主角。双方都认识到，如果能吸引年轻人的思想，就可能会赢得年轻人对己方生活观点的认同。

并不是所有关于社会化作用的观点都是有争议的。来自各阶层、各国家的大多数人都认可教导年轻人遵守法律、克服反社会冲动、充分参与公民生活、努力工作，以及成为对社会有价值的成员的重要性。

在当今英国，围绕"学生性格培养在学校中的作用"的辩论核心是对教育目的不同认知。传统主义者，包括最后一任和现任学校总督迈克尔·威尔肖和阿曼达·斯皮尔曼，都认为学校的重点应该放在课程教学上；而且积极向上的道德观念应该通过课程传达，而不是通过特定的课程或课外活动来培育学生的美德和良好的品格。对他们而言，个人的美德和公民教育不仅会分散注意力和浪费时间，而且最坏的影响是会阻碍学生发展出那些学校所倡导的品质。发展美德是教育不可或缺的一部分，这一概念可以追溯到亚里士多德以及他之前的思想家。美德教育的倡导者，比如伯明翰大学"人格与美德中心"，就从多位哲学家那里得到了灵感，从而断言良好人格的形成是教育至关必要且重要的部分。

一些欧洲国家，不管是信仰基督教还是伊斯兰教，都把学校里的宗教教学视为社会化不可或缺的一部分。甚至宗教怀疑论者也会同意，接受宗教教育的年轻人作为公民更加成熟，也更加遵纪守法，从而更有可能为政府效力。

3. 文化传承

人类取得的成就之规模远远超出任何学校或大学课程所能涵盖的范围，但这不应该成为学校用文化资源和人类文明激发学生学习、丰富学生精神世界的障碍。如果孩子们没有接触到达·芬奇的绘画，莎士比亚的戏剧，莫扎特的音乐，简·奥斯汀或哈珀·李的文学，佛陀和耶稣基督的宗教见解，亚伯拉罕·林肯、圣雄甘地、温斯顿·丘吉尔和纳尔逊·曼德拉的领导艺术，以及亚达·洛夫莱斯和查尔斯·达尔文的科学见解，那么，他们所接受的教育是适当的吗？

如果教育不把欣赏各个领域内伟人巨匠们的成就作为核心内容，那么教育就是不值一提的。正如 19 世纪的英国诗人、社会评论家和教育督察马修·阿诺德（Matthew Arnold）在《文化与无政府主义》（1869）一书中所写的那样，文化的意义就是去"了解世界上最深邃的思考和最精炼的话语"。全面的教育需要有这样的广度，同时要有科学和数学、人文社会科学、语言和哲学的基础。早期的专业化教育太容易忽视其产生的学科背景以及人类学习的更广阔领域。世界范围内的教育常常变成一种狭隘的交易活动，只是基于对狭隘课程内容的死记硬背和肤浅学习，而没有对人类的经验和成就有深度的洞察。所有学生，不论国籍、社会背景还是智力水平，都有权利和潜力去欣赏这些关于世界的深邃见解。

4. 开发人的先天潜能

第三次教育时期的学校注重发展学生可测评的、实用的技能：识字能力、算术能力、科学知识和专业技能。这种方法几乎没有留下什么空间让每个孩子探索自己的内在天赋。教育常常被视为是对学生进行施教的过程，以便于他们能够更好地在社会上发展自己，在就业市场中取得成功；而不是为他们着想，为他们提供真正的、开发他们内在潜力的机会。

20 世纪 80 年代，印度经济学家阿马蒂亚·森根据亚里士多德关于人类繁衍繁荣以及什么让生命有价值的思想，发展了个人潜力的"能力方法"（capability approach）。"能力方法"设想了比最大化个人的挣钱能力和发展纯粹的认知技能以获得就业更成功、更广阔的教育前景。

哈佛大学霍华德·加德纳（Howard Gardner）的著作是建立在人的潜能整体发展的基础上的。他首先在《思维框架：多元智能理论》（1983）一书中阐述了他的理论，指出人类拥有多种不同的智能，而不仅仅是一种。他认为，教育的目的应该是发展这些智力，帮助学生达到"适合他们特定智力范围的职业和非职业目标"。加德纳对第一次世界大战前智商测试在教育领域的广泛使用持怀疑态度。他认为这种测试仅限于逻辑和语言方面的可测量的智商，而不能测试正式教育其他方面的智商。他争论道，传统教育模式的危险之一是，优越的受教育条件给精英们提供了优势，使得他们在特定的 IQ 测试以及基于这些测试的考试中完胜其他人。然而，如果让学生接受更广泛的教育，拥抱更广泛的智力的定义，他们将发现这种教育更富有成效，也会让他们的生命更精彩，因为这种教育允许他们集中精力做他们擅长之事，而非不擅长之事。加德纳的方法可以用"不要问孩子有多聪明，问孩子在哪方面聪明"这句话一言以蔽之。在我的整个教育生涯中，我援引最多的就是这句话，这也是得到老师和家长强烈认可的一句话。

加德纳的著作受到了许多学者的批评，但在学校从事一线教学的教师却没有加入批评的队伍。他们认为，加德纳的方法令人钦佩。因为这种方法讴歌人类潜能，而不是贬低和限制人类潜能。那些对加德纳持批评意见的人士需要为以下问题提供一个令人信服的答案："如果学校没有开发学生更广泛的人类潜能，那么又有谁能完成？""世界各地只有那些来自富裕家庭的年轻人可以在条件良好的学校里发展自己多方面的智能，包括创造性潜能、体育智能、道德智能、个人智能等。来自不太富裕家庭的孩子由于就读的学校不能提供必要的辅助课程，因此导致他们只关注考试结果，最终往往一事无成。由于这些孩子们的天赋没有得到确认、培养和发展，他们的生活往往也不尽如人意。来自弱势背景的年轻人很难在最有声望的公司里找到工作，这一点丝毫不令人惊奇，因为这些公司除了考试成绩之外，还关注重要的人格特征，而这些孩子所受的教育根本没有致力于此。

5. 自我认识、智慧辨析与个性发展

教育的最终目的是塑造最高尚的心灵，而非满足纯粹的功利性教育要求。拥有财政、政治或军事权力并不能保证一个人是受过良好教育的人。柏拉图的比喻告诉了我们原因：他认为，很多人被困在无知的洞穴里，把点燃的火把在墙上的影子当成现实。但那并非现实。只有勇猛的人才能走出洞穴，看到真实的世界。但是一个人需要智慧，才能认识到自己被困在山洞里。他也同样需要谦卑。苏格拉底说："我和另外一个人都对伟大而美好的事物一无所知；但是尽管他一无所知，他却幻想他知道；而我同样一无所知，我却并不幻想。在这个特殊情况下，我似乎比他聪明，因为我不幻想，我知道我本来不知道的东西。"

帮助每个学生发展真正的谦逊和对生活的好奇心，并找到

自己最深层的自我身份，而不是学习给出"正确"的答案，这才是教育无比珍贵的价值所在，也是当今工厂教育体系中不可或缺的。

教学和学习有哪些阶段？

教育不是神秘莫测、不可认知的艺术。教育可以清晰地分为各个不同的阶段，这适用于世界各地和历史各个时期的教学和学习。通过研究教学以及学习的各个阶段，我们可以更清楚地了解教师的作用，以及在何种程度上人工智能可以辅助人类，甚至替代人类，来完成某项任务。

首先，我们探讨教学的五项任务。

1. 材料准备

教师或讲师必须计划好每节课，提前决定向学生提供什么材料以及以何种形式提供。如果需要分发作业等，则需要准备好这些材料。一般而言，这是一个烦琐而又机械的过程，老师鲜有机会和时间根据学生特定的能力和需要来制定个性化的材料。在这一过程中，教师的角色是知识的管理者，需要从几乎无限的材料中选择适当的内容，再决定传授哪些内容给学生、传授多少内容以及以何种形式传授。当教育督察来监督时，或者高级领导在"四处巡视"时，学校教师经常要花更多的时间准备详细的"课程计划"。据我观察,一些最好的班级都有一个"课程计划",但许多的"课程计划"都枯燥无味,甚至佶屈聱牙。

2. 课堂组织

教师需要确保自己掌控着教室,确保课堂组织能最大程度地被优化,确保课堂中的任何视觉展示都具有吸引力和刺激性,确保教学设备工作正常,确保课程有条不紊地进行,确保课堂时间被高效利用。在这个特殊的角色中,教师或讲师是权威,如果没有这种全面的控制和组织,课堂时间就难以得到优化利用。

3. 确保所有学生都参与学习

教师需要确保观察到全班每位学生,以确保所有学生都取得明显的进步;当学生注意力涣散时,他们要能够注意到并采取相应的行动。班级规模越大,学生越容易注意力涣散,确保所有学生都参与学习的难度就越大。当学生的学习动机明确、交流意愿高、愿意听从老师的指示时,工作就简单多了。教师需要有技巧地将教材传达给学生,以满足所有学生的不同需要,调动他们的参与兴趣,优化他们的学习效果。

4. 布置和批阅作业

教师需要确保和监控学生的学习过程，还需要观察学生的课堂表现，并在课堂上口头提问并布置书面作业来进行监督。此外，他们还要确保作业批阅的准确度和公正度，并给出评语来帮助学生从错误中学习。准备适当的作业可能很耗时，但是评估和批改作业以及提供建设性的评语，显然需要老师投入更多的时间。

5. 准备期末考试并撰写总结报告

教师为学生准备期末考试等各种考试。如果是学校内部的考试，教师可能会自行设置考试内容。他们负责总结班上每个学生的表现，并撰写学生报告，以便在学校内部和家校之间进行交流。20 世纪末，期末考试作为对学生进行评估和排名的标准化方式开始迅速普及。在大多数国家，学校或考试委员会自行设置考试和考试评估机制。跨国学校的课程和考试却不同于此：1968 年成立的国际学士学位（IB）就是一个特例，提供小学、中学和学位水平评估的课程（针对 16~18 岁的学生）。

世界各地的大学一般都自行设置考试和考试评估机制，但他们的评估质量会受到外部机构的密切监测。理论上来讲，无论是哪个机构颁发的证书，至少在国家范围内（甚至是国际范围内），一级学位的质量是一样的。英国的标准化考试和笔试分别于 1857 年和 1858 年在牛津大学和剑桥大学首次进行。1917年，英国学校开始实行全国标准化考试，颁发"学校"和"高等学校"证书。1951 年，这项考试被"O"考试——"普通水平"考试（1988 年该项考试又被 GCSE 替代）和"A"考试——为 16～18 岁学生设置的"高级水平"测试两种考试所取代。在美国，根据学生的高中成绩，他们在毕业离校后会有一个平均学分绩点（GPA）。以上这些可以通过进一步的测试来补充，包括美国大学入学考试（ACT）和学术能力测试（SAT）。

其次，学生学习也有五种不同的活动。

1. 记忆知识

中学或大学的学生根据年龄来分班学习，并授予不同学科、不同难度的知识。在第三次教育革命时期，学习材料以专著、教科书和文章的形式出现；但在过去的 20 年里，这些材料开始越来越数字化。学生能够自己阅读材料和汲取其中的知识。但是，教师，一般是一个年龄组的或某个学科的专家，或两者兼是，负责将知识"整理"出来并面向学生（尤其是面向年龄较小的学生）答疑解惑。在学校，教学方法通常采用提出问题和回答问题形式，具有高度针对性；然而，就大学教育而言，讲座是交流知识的一种普遍模式。学生们在课堂上安静听讲直到演讲结束，在随后的小组研讨会和辅导课上，材料会发放下来。学校和大学的学习是发展性的：学生要进入一个更高的水平，必须熟悉前一水平的知识、技能和背景。

最早的学习发生在学生在上幼稚园或小学之前。"一项关于儿童早期学习的研究表明，儿童很早就开始了理解世界。孩子们从学龄前就开始对周围的现象形成复杂的理解（不管他们的理解是否准确）……这些最初的理解对新概念和信息的整合会产生强大的影响。"孩童时期的认知学习基于对不完整知识和错误思维的理解："有时，这些理解是准确的，为建立新知识提供了基础；但有时，它们又是不准确的……就科学学科而言，学生常常对难以观察到的物理性质产生误解。就人文学科而言，学生的先入之见常常会带有刻板印象或简单化倾向，就像学生对历史事件的理解往往就是好人和坏人之间的斗争一样。"

在这个阶段，当学生牢记信息或原始数据时，这些信息或者原始数据就变成了有价值的知识：优秀的学生通过比其他人更快地吸收知识，并能够更快地从记忆中检索知识的能力脱颖而出。教师的能动性当然也可以帮助学生记忆知识，但这并不总是至关重要的。

2. 应用知识

仅仅记住知识本身并没有什么价值。学生可以"知道"一系列的事实，并能在考试和测验中回忆起来。他们甚至可以赢得电视比赛或游戏，比如英国广播公司的"才子"（Mastermind）等娱乐节目就提供类似游戏。但人类的智力和理解力仍是非常有限的，除非我们学会具体问题具体分析式地在具体情景中运用知识。这可以通过人类生物学的一个例子来解释："充分了解静脉和动脉的人，对其了解会比一般性的事实更为深刻……他们能够理解为什么静脉和动脉具有不同的特性，他们知道从心脏泵出的血液会急剧流出，动脉的弹性有助于调节压力变化……因为知识渊博的人了解静脉和动脉的结构和功能之间的关系，所以他们更有可能利用所学的知识解决新问题——展示出知识迁移的能力。"

当学生把学到的理论知识应用到实践性科目中，或在实践中检验知识时，比如在体育、音乐、戏剧或科学学科中，这些实践性科目才会变得更有意义。学生可能已经背诵了贝多芬的钢琴协奏曲，但是，直到他们自己在钢琴上演奏之前，这种知识一直是不完整的；高尔夫球手可能知道关于完美挥杆的一切要领，但是，在他们击打进第一个球之前，"知道"的价值也是有限的。通过在学校和大学实验室进行物理实验，学生对科学的理解才会显著提高。这解释了人们为什么从19世纪末开始建造这些实验室。在固定条件下将化学药品混合在一起的实验，可以让学生自己开动脑筋理解理论的应用，这才能让知识得以被牢记。正如一位研究人员所写的："当学生有移动轮子的实际体验时，他们才更有可能激活大脑的感觉和运动区域……众所周知，这些区域对我们理解作用力、角度和运动轨迹的能力很重要……那些通过实验操作过程来理解较难科学概念的学生会在课堂上学得更好，也表现得更好；如果第二天对他们进行有关这些较难科学概念的测试，他们也会应对得更好，而且学习效果似乎在几周后就会显现出来。"

3. 将知识转化为理解

诗人 T. S. 艾略特说："我们在信息中丢失的知识在哪里？"知识的学习过程需要不断深化，直到学习者可以全部吸收其精髓。学习不是一种孤独的体验。在社会学和人文科学中，与其他学生在课堂上合作学习的优势是最为明显的；而在数学和科学领域，通过参加课堂或研讨会，通过倾听同学们的提问和回答，学生的学习也可以得到有力的深化。因为这给予了学习者一个评估自己的理解与他人的理解的机会。由此，他们可以确信自己正在进步。

在文学课上，老师可能会就某一首诗来介绍作者和创作背景。然后，班级同学会诵读诗歌，提出问题。正是通过学生提问以及老师和班上其他同学的答复，学生们对诗歌的理解才会得以明晰和深化。课堂讨论将关于诗歌的转瞬即逝的知识转化为对诗歌内涵更深层次的理解。其实，鹦鹉可以学会完美地重复一首诗，但却无法理解诗歌的内涵。计算机也是如此。许多教学是基于死记硬背的学习，这是通过单纯的重复动作来记忆事实。但是，只有当所有学生对教学内容开始思考、质疑和探讨时，学生们的洞察力和知识才会得以增长。

4. 自我评估和诊断

学生需要客观地了解自己在每门学科中所取得的进步，以及他们需要如何学习来更好地提高。自我评估最好是由学生自己实施。有自我意识的学生将不断监控自己的进步，测试自己的知识水平，并反思自己学到了什么。但是，我们不能仅仅依靠年纪尚小且经验不足的学生，教师必须能够督促他们的学业进步，并提供反馈和鼓励，以加强有效学习。

5. 反思与自主学习的发展

T. S. 艾略特也在《岩石》（1934）中写道："我们在知识中失去的智慧在哪里？"学习的最高目标是让学生培养自己对某一学科的好奇心，并获得对自己探寻答案能力的信心。一所成功的学校将帮助学生成为独立的学习者，为他们在中等教育和高等教育中适应更自主的学习环境做准备。通过考试来衡量学生对所学学科的掌握和充分调动学生的学习能力是良好教育的必要条件。但这是不够的，学生自己应该成长为一个健全的人，致力于让自己在学习过程中变得更好。医学学生可能在医学院的整个学年组中都名列前茅，但是，除非对这门学科的学习教会了他们如何思考、如何体恤病患以及如何掌控情绪，否则他们永远不会在病人面前成为好医生。同样，他们也不会成为健全的人，成为最好的自己。教育不仅仅是使我们成为快速、准确的信息处理器——计算机多年来在获取和使用数据方面一直胜过人类，最为关键的是，使我们成为健全的人的教育过程是计算机永远无法复制的，这就是移情理解——一个人对另一个人感同身受、悉心关怀的能力。如果世界上最好的数学系的学生都没有学会如何成为一个更全面、更健全的人，那么他们所受的教育就是残缺不全的。这就是艾略特所谓的"智慧"。

上面这些是教学和学习的主要阶段。以下章节中将要讨论的问题是：在上述某些或全部的教与学阶段，人工智能是如何辅助人类教育的。我们上述所做的分解教学和学习的组成部分的过程，其实已经表明人工智能会如何迎来第四次教育革命，以弥补工厂教育模式的缺陷。

何谓受过教育的人？

世界各国都倾向于将受过高等教育的个人与他们所获得的大学学位、母校排名以及个人成就等同起来。但是，哈佛大学、牛津大学或北京师范大学的学位并不足以让持有者成为一个受过良好教育的人。

让我们回到从出生到死亡的旅程概念，如下图所示。

现在，我们可以开始回答何谓受过完整教育的人——通过询问有多少人在临终前能够坦言他们已经充分挖掘了自己的天赋和才能，并且终其一生都是为自己内心深处的理想和抱负而生活。那些具有最高成就的人士可能会说自己是接受过最充分教育的人，为了达到卓越，他们在自己所选择的领域里，无论是经济学还是演奏长笛，都做出了巨大的牺牲，但这往往是以损害更广泛的理想、社会责任和自我实现为代价的。最高成就者的生活往往充斥着人类各式各样的痛苦，这些痛苦不仅对他们自己造成伤害，还不可避免地伤害到了他们的家庭和同事。

霍华德·加德纳的研究和此议题切实相关。我们可能想要重新定义成就的概念，并假定在生活中受过最充分教育的人（即上图中最右边的人）是一个拥有充实、快乐的生活并发挥了个人所有才能的人。一位大学哲学教师——我的同事，浮现在我的脑海中。这名教师知识渊博、为人善良，但令人担忧的是，他在生活中缺乏许多更宽广的智慧，包括幸福生活所需的个人生活智慧。世界各地的学校和大学，也许并不是故意的，但的确很容易缩小学生的学习范围，过分关注智力发展和知识积累，这可能会损害学生的创造力、身体素质和精神。大学往往是仅考虑智力发展，而把学习范围缩小到一个学科，而且常常是学生进步越大，该学科的学习范围就越窄。最终，这个教育体制会使得学者们无法与普通大众交流，或者无法认识到他们描述现实世界的能力，已经丧失在充满学术辩论和专业语言的虚幻世界中了。太多的研究，尤其是科学、技术、工程、数学这四大类学科以外的研究，都大抵如此。

崇高思想和远见卓识确实是成为一个受过教育的人必备的要素。哈佛大学早年间发布的报告之一是《自由社会的通识教育》。该报告建议学校和大学的教育应该把社会和道德的发展和学术学习放在同等重要的位置上。报告认为，仅仅在一个领域积累的知识可能"……会是非常危险的，如果这种知识积累不是基于对人类生存现状的广泛、深刻和充满人道主义的理解，以及根深蒂固的道德情感"。报告继续说道："现代大学有义务要求其所有学生至少要从由顶尖教师组成的团队专门设计的课程中，选修三分之一的课程，这并不是为了促进学生走向专业化，而是让他们学习广泛的人类经验领域所涉及的复杂的议题、体制和思想。如果将这一切优化整合，就会使学生接触到这种经验，从而帮助他们过上希腊人所理解的美好生活：做个正派、优秀、善良、乐于助人和思想深刻的公民。"

哈佛大学的报告提出了一个与1945年以后在世界各地出现的大学教育截然不同的、更加人性化的教育愿景，它倡导在培养学生终身学习技能的同时，也培养学生的好奇心。具有讽刺意味的是，就业市场的变化，尤其是数字化的到来所带来的就业市场的变化，却更加倾向于学生技能的培养，而非好奇心的培养。这与报告精神是相违背的。"因此，教育的果实是行动的智慧。"报告指出，"教育的目标是掌握生活的艺术；生活是一门艺术，而智慧是实现这一目标不可或缺的手段"。

当时的埃塞克斯大学副校长阿尔伯特·斯洛曼（Albert Sloman）于 1963 年在"BBC 里斯讲座"上做了题目为"变革中的大学"的演讲。他承认大学需要专业化，但是也警告说："实施专业化应该在学生了解人类的全部思想成就以后——也即被西班牙哲学家奥特加称为'每个时代所拥有并所赖以生存的重要思想体系'。越推崇专业化教育，就越有必要给它提供一个坚实的通用文化基础。而且，只有接触过不同的学科，受教育者才能够首先明智地选择专业；没有这个基础，从不同角度来看待自己的学科就无从谈起。"

因此，一个受过完整教育的人会终生保持对知识的渴望和好奇心。同样地，最为优秀的教师是那些在职业生涯中自始至终都朝气蓬勃、热情似火、渴望学习的教师。正如古典作家和教育家理查德·利文斯通（Richard Livingstone）70 多年前所说的："成功教育的检验标准不是学生从学校带走的知识量，而是他们的求知欲和学习能力。"当代教育哲学家盖伊·克拉斯顿（Guy Claxton）也同意："成为一个有效的、强大的现实生活中的学习者，是一件有用的事情。21 世纪的教育应该旨在帮助年轻人发展这种通用学习能力。"

回溯到中世纪时期的"三学科"和"文科"的观念，教育的目的应该是帮助人们独立思考和发展自由意志，从而培养学习者根据自身和社会利益做出决策的能力。中世纪大学的三门科目（文法、逻辑和修辞学）、四门学科（算术、几何、天文、音乐）就能够帮助学生获得上述能力。今天，以哲学或批判性思维为基本要素的广泛而富有挑战性的课程，同样可以实现教育的目的。唯有把上述的自由抉择之能力和发挥人类最大潜能、实现个人最高理想相结合，我们才会培养出一个受过完全教育的健全人才。第三次教育革命模式是如何成功地引导所有学生实现这一理想的？那么，是否存在一些潜在的困难会阻碍人类永远无法实现这些雄心壮志？下一章将就此问题进行探讨。

第 3 章

传统教育的五大难题

前三次教育革命给人类带来了不可估量的好处，使人类的生活更安全、更舒适、更文明、更愉快。若是没有教育，人类可能仍在游牧部落中游荡，费力地寻找食物和水，受到各种各样的疾病和掠食者的威胁，生活质量低下。

但这三次教育革命有多完整呢？第三次革命可能给世界上富裕国家的民众带来了一直持续到青少年时期的制度化教育。但这次革命是否解决了那些棘手的、影响教育体验的质量和程度的问题呢？是否使得本该全面、扎实和深刻的教育之旅不完整呢？

在过去的100多年里，并不是说政府和私营机构没有坚持不懈地致力于解决这些问题。我们或许可以这么表达：虽然教育已经取得了微小的改进，但工业教育模式工程中的断层阻碍了更为深刻的变革。这些问题都是系统性的，它们可能会得到改善，但是无法被彻底解决——如果没有第四次教育革命的话。

第三次教育革命衍生的五大难题

未能克服根深蒂固的社会阶层固化问题
教育制度僵化
教师因行政而不堪重负
大班教学抑制学习的个性化和学习的广度
教育的同质化和缺乏个性化

我们现在需要深入分析这些问题：这些问题究竟是什么？人工智能的出现可能会改善甚至弥补这些不足之处吗？我们首先以图解方式呈现了第三次教育革命模型的五个问题。我们后面要论述到的第四次教育革命的模式同样引发了这些固有的问题，我们将在后面的章节中提到这些问题。

未能克服根深蒂固的社会阶层固化问题

数百万年来，人类的祖先就将自己分为领导者和追随者。在每一个团体中，无论是凭借优越的体力、性别优势、重要家族成员的身份、更高的智商，还是更出色演讲的能力，都有一些人宣称自己拥有重要的决策权力并且享有超出配额的物质财富。在过去的 7000 年中，当文明变得更加复杂，人类开始在城镇中永久定居时，出现了新的精英形式：政治精英、金融精英、法律精英、商业和文化精英等。家族的统治得到了加强，并使权力永远被掌握在于精英手中，普通大众则倾向于保留自己的卑微地位，而强者的子女很可能继续保持其优越的地位。

虽然前两次教育革命巩固了精英阶层并使其辉煌得以持续，但首次为所有人提供了全员教育的第三次教育革命，至少提供了一个让人们可以超越自我现状的前景。然而，被称为"工厂教育模式"的第三次教育革命几乎没有解决世界范围内的社会阶层流动问题。精英们支付高额费用让子女们享受特殊的私立教育或确保他们进入学术水平优良、朝气蓬勃的公立学校。

第三次教育革命的模式本可以改变这一切。在大众教育时代，精英可能已不复存在，取而代之的是"唯才政治"[⊖]——最有能力和最努力工作的个体，而不是最有权力的个体，升到了社会顶峰。唯才政治可以确保公平、公正和效率，因为权威被赋予那些最专业的人士，而不是那些继承特权的人。那么，为什么第三种教育模式不能与米歇尔斯的寡头政治铁律相抗衡，不能在更大程度上带来唯才政治呢？几十年来，怀有一腔道德热忱的领导者一直试图解决这一无法解决的问题，美国前总统奥巴马即是众多领导人之一。他在 2010 年的国情咨文中说："在 21 世纪，最好的扶贫计划是世界一流的教育。"如果动力和资金都有了，为什么我们还没有打败贫困，这种乐观的

⊖ 源自拉丁语 merio 或 merit，以及希腊语 kratos，意为力量或权力，由社会学家 Michael Young 于 1958 年创造。

理想仍未实现呢?

　　社会流动性可以被定义为"来自贫困背景的个人爬上社会经济阶梯的能力"。乐观主义者认为,这是建立在虽小有争议但安全的经验基础之上的。来自低收入家庭的孩子天生就具有与高收入家庭孩子相似的能力,尽管智力遗传因素也许略有差异。伦敦国王学院的罗伯特·普洛曼和艾米丽·史密斯·伍利在 2018 年 3 月的报告中发现,在基因的影响下,精英学校和普通学校的学生在学业表现上的差别并不大。并非所有学者都同意智力遗传的重要性,但有压倒性的证据表明,为能力较差或父母收入较低的孩子提供过多的补助,有时会起到相反的作用——恰恰赋予了这些孩子较低的教育期望。

　　华盛顿布鲁金斯学会在 2013 年的一份报告中明确表明:"在控制了年龄、兄弟姐妹、种族和其他环境因素的情况下,社会经济状况对 8~12 个月儿童的影响是非常小的,在统计学上是微不足道的。例如,一个出生在处于社会经济水平最顶端的家庭中的孩子,在认知能力测试中,预期得分比普通孩子仅高出 0.02 个标准差;而在社会经济水平最底端的家庭中出生的孩子,只大约低出普通孩子 0.03 个标准差,几乎不存在可测量的差异,也没有统计学上的显著意义。相比之下,其他因素,如年龄、性别和出生顺序,对个体生命早期阶段的能力影响更大。"答案尚不清楚,但基因显然是解释精英阶层在唯才政治下自我延续的重要因素。若要在第四次教育革命中弥补这一点，人工智能将面临一项艰难的工作。

除了基因，还有哪些原因可以解释来自富裕家庭的孩子能在社会中更好地发展呢？答案包括，他们摄取的营养更丰富、更全面，受益于更稳定的照顾，父母对他们的教育更重视，他们可以在家里参与更多激发智力的对话，他们建立了更有用的社会关系，等等。这些好处甚至在他们进入正规学校接受教育之前就已经体现出来了。到4岁时，来自收入最高的五分之一的家庭的儿童，在识字率和计算能力上的得分高于69%的群体；而来自收入最低的五分之一家庭的儿童，在识字率和计算能力方面的得分，则分别只高出整体的34%和32%。美国的"Head Start"和1998年在英国推出的"Sure Start"等4个项目都旨在"为孩子们提供最好的生活起点"，以正面解决这个问题。2005年，关于Sure Start影响的早期研究结果发现，它的任何实际影响都低于预期。尽管这一证据还不确凿，但英国、美国、澳大利亚和其他一些国家的政府，仍在继续大力投资，以进行早期的干预。

一旦接受了正规的学校教育，具有不同社会背景的孩子之间的表现差异性就会变得明显。在发达国家，高收入家庭的父母要比低收入家庭的父母在孩子的教育上花费更多。自20世纪70年代初以来，高收入家庭与低收入家庭的支出差距从开始的4倍多增加到了近7倍多。

2008年的一项研究表明，与只有高中文凭或更低学历的母亲相比，拥有大学学历的母亲每周平均多花费四个半小时与孩子相处。而这种现象带来的一个影响是，来自工薪家庭的孩子的词汇量要少得多，这部分是因为父母与他们待在一起的时间较少，并且使用不太复杂的语言与他们交流。相比之下，来自富裕家庭的儿童所在的班级规模较小、学习内容更丰富，而且在学校期间已经取得了非常显著的进步，这些都可以从毕业时更优秀的结业成绩上看出来。这有助于解释为什么这些学生能获得更多接受高等教育的机会，特别是那些提供尖端教育和最佳工作机会的大学。在英国，成立于 2004 年的"公平准入办公室"（OFFA）旨在解决这一问题，为那些具有不太有利的家庭背景的人提供接受高等教育的机会。尽管有批评人士称，OFFA 实际是降低了而不是提高了入学标准，但这些举措还是取得了一些成功。

具有讽刺意味的是，公立学校窄化课程内容来促进学业成绩，从而为学生挤出更自由的时间，这反而促进了来自富裕家庭的孩子在日后获得高薪职位。学校领导对考试成绩较高的期望促使其投入大量不成比例的资源，以鼓励学生取得更好的成绩，尤其是在"普通中等教育证书"的资格考试上（GCSE）。然而，正如我们在上一章所看到的那样，来自弱势背景的年轻人正是那些最需要学习非认知技能的人，包括建立信心、社会情感学习以及品格教育，而这些技能的培养在私立学校和在中产阶层的家庭中更为明显。来自弱势家庭的孩子可能在大学的期末考试中表现良好，但在求职面试时可能处于不利地位。社会学家约翰·戈德索普撰写了一篇令人信服的文章，说明雇主为何更喜欢在面试时表现出更多社交技能的候选人："在更昂贵的销售和个人服务中，雇主可能认为员工对消费者或客户所在的社会群体的风俗习惯和生活方式有一定程度的了解和共情，这是很重要的。"他继续说道："那些父母从事专业工作或管理工作的孩子，即使资历很一般，也比具有类似资历的工薪阶层的儿童有更多的机会来获得类似的工作。"

因此，2017年"英国社会流动委员会"的报告并不令人意外。报告称，在促进社会流动性方面，一代或更多代人经年累月地致力于提高社会流动性的集中努力，并未对英国社会的流动性造成任何重大影响。报告认为，在很大程度上，问题变得更加严重了："尽管投资了数十亿英镑，但来自贫穷家庭的5岁儿童和来自富裕家庭的5岁儿童之间的差距，刚刚开始缩小……这将需要40年时间来消除；弱势毕业生的就业'几乎没有改善'，尽管扩大大学入学率被视为社会流动政策的成功。"该报告发现，在小学阶段，来自贫穷家庭和富裕家庭的孩子在学习表现上的差距已经在缩小了，而在中学，这一差距会再次扩大。此外，它未预见到来自贫穷家庭的孩子和来自富裕家庭的孩子，以及那些16岁时不能通过普通中等教育证书资格考试的青少年，或18岁时不能通过高等教育考试的青少年之间的差距有任何缩小的可能性。特别令人沮丧的是，报告所称的在伦敦以外的地方的发现："虽然首都学校的成就远远高于全英国的平均水平，表明政治意愿和有目标、有资源的计划可以有所作为，但这个国家大片土地上的社会流动性都很缓慢或已经停滞了。"

2018 年年初，伦敦教育学院院长贝基·弗朗西斯（Becky Francis）提出了类似的意见，她指出各国政府尚未解决社会流动问题。她说："国家体系中的政策在某些方面是不完整的，在某些地区执行得很差……教学质量对学生成功的影响最大，对于来自弱势家庭的儿童来说尤其如此。因此，让他们遇上最好的老师是至关重要的，但这一点也是最不可能做到的。"如果弗朗西斯是对的，如果老师的质量和可用性是解决问题的关键，那么人工智能必须提供哪些新鲜的、工厂模式所不能提供的东西呢？

教育制度僵化

在第三次教育革命模式中，学生们在学校的教育之旅就像是在生产线上进行一样。一般从三四岁开始，他们每年都九月入学，在正规教育的传送带上运行一年，接受更高级知识的注入。这些被"注入"的知识分为不同的学术科目，学生逐日、逐周、逐个学期地在枯燥的生产线上进行不同科目的学习，直到生产线（或称一学年）在每年 7 月份终于结束运行。教育学家肯·罗宾逊（Ken Robinson）对这样的做法感到遗憾："根据年龄，学生们分批接受教育，好像他们之间最重要的共同点就是他们的生产日期。"

如果沿着传送带生产的是无生命的物体，那么工厂系统就会运作良好，只需按既定顺序投入新材料即可。但在学校生产线上的效果较差，因为主体是个性和行为均不相同的孩子们，他们可能还没有准备好接受知识，抑或被过度注入了各种新知识。对于一些孩子来说，传送带的整体速度太慢会让他们变得沮丧，因为他们希望它可以以更快的速度移动；对于其他认为传送带整体速度太快的人而言，他们可能会因而灰心丧气或叛逆不羁；或者某些科目的整体速度太快，可能是数学或物理；但其他科目可能太慢，比如英语或历史。

为了配合"国家课程"第一阶段的实施，英国1988年开始实施"教育改革法案"。在此情形下，"传送带教育方法"在英国进一步深化。这种新方法旨在巩固过去100年来出现的教育结构，并通过将所有儿童按照每年9月1日的年龄划分为不同的"关键阶段"来实现这一目标。"基础阶段"为3~5岁，涵盖托儿所和幼儿园；5~7岁的"关键阶段1"，适用于1~2年级；"关键阶段2"适用于7~11岁，涵盖3~6年级。关键阶段1和2组成了小学教育阶段，每个阶段以学生通过标准成绩测试（SAT）的考试结束。大多数处于"关键阶段3"的11~14岁的儿童，会进入中学的7~9年级学习，处于"关键阶段 4"的年龄为 14~16 岁，会进入中学的 10~11 年级的学习，中学阶段的学习在学生获得中学结业证书（GCSE）后结束。最后阶段的教育是可选的，针对的是 16~18 岁的学生或 12~13 年级的学生，最高层次是在高级水平测试中达到 A 级水平，取得英国国家职业资格或国际文凭（IB）。如果儿童是生产线上的汽车，那这就是"一个尺寸满足所有要求"的做法。但他们不是汽车，他们是人。

为了解决学生能力差异较大的问题，英国不同的司法管辖区已经开发出系统，以便那些学习能力强的人能够以更快的速度取得进步。1944 年的"教育法"在英格兰和威尔士引入了"三方教育体系"，将中学的学校分为文法学校、技术学校和现代中学。如果学生年过 11 岁，并且通过了考试（Eleven-Plus Examination[⊖]），就可以升入中学学习。直到 1965 年，"三方教育体系"才成为被工党和保守党政府承认的教育制度。但同年，工党就开始有意瓦解它，并于 1976 年正式取消了这一制度（尽管今天仍有大约 164 所文法学校）。人们支持这个三分法的主要理由是，有能力的孩子可以在以考大学为目的的学校中进步更大；而反对者的主要意见是，11 岁还太小，因此无法根据考试当天的学业成绩来决定孩子的未来；而且，

⊖ 英国原有的中学入学考试，所有公立小学的学生转入中学学习前均要参加。该考试已于 1967 年宣布废除，但迟迟未彻底取消。

那些来自富裕家庭的学生进入文法学校的比例之大，令人觉得不公正。这种制度让进入现代中学的学生经常有一种学业上的自卑感，而那些智力发育较晚的学生则无法充分发挥他们的潜力。

从 20 世纪 70 年代开始，"综合学校"逐渐替代了三方教育体系。综合学校相当于美国和加拿大的公立高中，现在约占英国中学总数的 90%。最初，这些学校既提供学术教育，又提供更多实用的科目，包括艺术、设计和技术等，但是在过去的 20 年里，人们越来越关注学术科目中面对所有学习者的核心科目，这引发了更广泛的教育需求，但劣势学生群体并没有得到他们所期待的教育。

为了确保更多的学术资源得到充分利用，一些学校开始进行分流学习，这样，优秀学习者、中等学习能力者和学习能力较差的学生被捆绑在一起学习所有学科，学生的节奏和要求自然就各不相同。这其中的一个主要问题是，它自动把学生分流了——那些学习能力较差的群体的学习动力不强，然后就逐渐放弃了。此外，一些学生可能在某些科目中表现优异，但在分流学习模式中，所有人都必须以共同的步伐前进。因此，许多学校采用了分组法，将学生按照特定科目的学习能力进行分组，主要是在数学科目上实施。根据数学能力分组的数量大约是根据英语能力分组的数量的两倍：一项研究发现，根据数学能力进行分组教学后，学生的成绩从 7 年级的 53% 上升到了

10 年级和 11 年级的 100%；而根据英语能力进行分组教学后，学生的成绩从 7 年级的 34% 上升到了 10 年级和 11 年级的 63%。一些学校设法将分流和分组教学结合起来。

还有一些学校则避开分流和分组的做法，倾向于"混合能力教学"。

事实上，是否应该进行分组教学，是全球教育领域最为持久的辩论之一：

"一些研究表明，分组会通过将学生托付给较低级别的群体而损害学生的自尊；其他人认为效果正好相反，更多优秀的学生不会让学习能力较差的同学感到不适。一些研究得出结论认为，分组提高了各级学生的考试成绩；其他研究认为，分组可以帮助成绩优异的学生，但同时会伤害成绩较差的学生；还有研究声称，分组教学的影响不大。"

在学年开始时，年龄较大的孩子，即 9 月 1 日之后出生的孩子，在学习上会有明显的优势，这成为分流学习和分组教学不受欢迎的一个原因：因为年龄较大的孩子将在高年级分组里所占比例不均。一项研究得出的结论是"基于学业成绩的分组教学对学生成绩方面几乎没有任何有益的影响，这一点大家已经达成了共识。事实上，虽然成绩较高的学生可能会有小幅进步，但分组对低成绩群体的学生的影响是消极的。这不仅影响到学生的学业成就，而且关乎学生的人生经历。那些成绩较低的学生报告说，他们对分组教学以及自己的自卑感很不满意"。

我们对于针对分组教学正反方的辩论的描述，是为了突出工厂教育模型的固有问题；一个学生可能会从分组中获益，但会建立在牺牲他人利益的基础上。每个在高分组或在文法学校受到挑战的孩子，都对应有一个在低分组或在现代中学里被打击得完全丧失动力的学生。

值得庆幸的是，有一种完全不同的方式来处理学校分组教学：把学生按照理解能力分组，而不是根据年龄；而且也不是根据他们的整体水平，而是根据他们学习每一个科目的水平来分组。确实存在一个制度能让每个孩子都受益而没有孩子受损失吗？是的，但是我们需要思考哪种中学或大学才会和人工智能教学相匹配？我们需要在思维方式上进行非常彻底的改变。

教师因行政而不堪重负

教师应该将最主要的精力投入到教学上，但事实上，教师们很难做到。尽管许多教师都认为这是新问题，但这个状况其实由来已久，并不新鲜。即使在第三次教育革命初期，由于教材编写、课堂组织、记录和跟进出勤情况、处理不当行为、标记和评论学生的作业、记录学生成绩、撰写进度报告等各项事宜，教师们进行课堂教学的时间就已经大为减少了。

从 20 世纪 80 年代开始，为了减轻行政负担，计算机被引进教育领域。教师被告知，文字处理器、精密的复印机和各种新技术会使他们的重复性劳动减少一半，从而使他们可以全力投入教学之中。然而，这并没有发生。2016 年，英国《卫报》进行了一项关于教师生活的调查，4450 名受访者接受了该项调查，其中"82% 的人表示他们的工作量无法控制；约 67%的人表示过去五年（截至 2016 年）的预期在显著增加；73%的受访者表示，他们的工作量影响了他们的身体健康；而76% 的被调查者表示，工作影响了他们的心理健康状况。几乎多达三分之一的教师报告说，他们每周的工作时间超过 60 小时"。教育支持合作组织（ESP）进行的研究进一步证实了这些调查结果。研究发现，接受调查的教师中有 80% 在过去两年中有心理健康问题。2014 年，教师和讲师协会（ATL）的一项调查同样指出了教师在工作量和压力方面遇到的普遍问题。这些问题已经变得如此严重了，以至于负责学校检查和教学标准的英国教育标准办公室（Ofsted）宣布，在 2017—2018学年开始时，教育督查员应定期向校长询问他们打算如何减轻教学人员的工作量。英国新任教育部长达米安·汉兹（Damian Hinds）在 2018 年 3 月表示，这将是他的首要任务之一。

世界各地对教育承担的责任的要求逐渐提高，这部分是为了响应国际化措施。例如，"经济合作与发展组织"1997 年成立的"国际学生评估方案"（PISA）给教师带来了更大的工作压力——他们期待学生在考试中表现出色，而这种压力往往是徒然的。世界各地的教育治理和检查机构增加了教师的行政负担，但并不总是能够提高教学或学习的有效性。

在英国教育标准办公室（OFSTED）的监督下，备课对教师来说变得非常繁重，而且尽管各学校对监督教师表现的高级管理人员的需求不断增加，但也没有收到太大的成效。备课明显成为一种负担。教师除了每天花大约四个小时准备教学材料之外，还必须写下详细的课程计划，概述整个课程的学习目标、教学内容、内容评估等。"这些烦琐且无益的做法出现的原因是，英国政府和英国教育标准办公室提出的或明晰的或不言自明的要求，以及学校领导和教师随之做出的反应。"英国独立教师工作量审查小组在 2016 年的一份报告中如此写道。

批改作业可能是教师肩负的另一个过重的负担，特别是在英语等科目中，老师不仅要纠正内容，还要纠正语言的使用。如果一个班级有 30 名学生，教师每晚都要批改一套作业，那就意味着教师在花时间准备第二天的课程以外，可能还要花费两个小时的时间来批改作业。"批改作业是教学的重要元素。"一份提交给英国教育部的报告指出，"但是，当批改作业没有什么效果时，教师和学生们便可能都会士气低落，觉得浪费了大量时间。令我们担心的是，教师对每个学生的作业写下长篇大论的点评已成惯例，但很少有证据表明，长此以往可以提高学生的成绩。"

20 年前，布莱克和威廉撰写的一篇关于"学习评估"的开创性文章提出了一种更具指导性的批改方式——在学习周期结束时，对学生进行评估和排名——而不仅仅是"总结性评估"。学习评估包括最初的诊断评论，以了解学生间知识水平的差距，然后与他们合作，以帮助他们成为更自主的学习者。和给学生作业打分却不告诉他们如何改进的做法相比，这种方法明显对学生更有帮助。但这对教师时间的要求远远超过在一份作业的底端打一个分数或等级所需要的时间。教师在晚上和周末每个小时的工作都会消耗他们有限的精力，这意味着他们在第二天的课堂教学中里很难付出更多。学校的领导和管理人员可能花费不成比例的时间来讨论如何收集和解释教学数据。"数据收集本身往往成为目的，与检验学生学习成果的核心目的相脱节……这增加了教师和学校领导人的工作量，但几乎没有明显的好处。"早先引用的报告这样写道。

整体而言，教师容易在管理上，而不是在课堂教学上，花费更多时间。这种负担也影响到了校长群体，他们不再在校园里四处巡视——鼓舞士气、安抚人心，而是经常撤退到自己的办公室里，做闭门造车的官僚。这是十分不可取的，因为学校需要他们到处巡视，以帮助学生和教师发挥出最佳水平。教师工作量问题和第三种教育模式是不可分割的，并且多年来变得越来越糟，而不是更好。人工智能承诺将全面改善这一现象。

大班教学抑制学习的个性化和学习的广度

大众教育的第三个教育时代见证了班级规模的逐渐扩大。文艺复兴时期的人文主义者伊拉斯谟认为，如果班级的学生人数较少，老师的表现会更好。在英国，一般班级人数不会多于30人；但在发展中国家，班级人数可能达到60人，甚至更多。伊拉斯谟本人承认，班级规模的大小最终取决于经费的多少；因为请教师花费很大，所以规模过小的班级是不划算的。过小的班级规模会进一步抑制学生讲话的意愿，还意味着学生的观点表达被限制在一个狭窄的范围内。而学生从倾听同龄人的意见，贡献自己的想法，以及注意"他们如何学习"中能学到更多。

同样，班级规模太大也可能会给老师和学生带来一系列问题。个别学生可能会在大群体中迷失自我，尤其是不自信和没有安全感的学生。在大班教学中，有机会表达自己意见的学生更少，而且教师用来诊断和满足不同的个人需求的时间更少。大型群体中，个性化工作目标的设定更难，教师的权威也可能会被稀释；常规管理占用更多时间，而教师在每个学生身上投入的时间更少。教育理论家约翰·杜威（John Dewey）在20世纪初提出，8～12个学生组成的班级最为理想。研究倾向于支持这样一种观念，即较小的班级规模并不是教学的灵丹妙药。但这些发现对于那些不得不花时间教授大班课程的老师而言，是难以接受的，和他们的直觉感受正好相反。因为似乎更理想的解决方案是，可以针对学生的不同年龄段、能力水平和课程复杂程度来决定最佳班级规模，以确保课堂意见的多样性。但班级也不要太大，否则教师无法充分了解每个学生，也无法积极地参与到每堂课的教学中。

"圣杯"计划将为每个学生提供支付个性化学费的好处，让他们可以每个课程选上一部分，这将确保他们的个人需求得到满足，然后才参加小组学习。这时候，学生可以表达自己的意见，并听取同学和老师的见解。但是，如果有全新的元素引入教育，个性化学习就将成为可能。关于这一点，人工智能已经可以做到了。

教育的同质化和缺乏个性化

"教育就是社会对你做的事情，学习就是你为自己做的事情。"麻省理工学院媒体实验室主任乔伊·埃托说。正规教育在教育的第二次和第三次教育革命阶段出现并迅速发展，政府机关、商业巨头或宗教组织是当时的投资者和创建者。正规教育的目的是带有功利主义的。当今的学校和大学被政府视为主要用于培养认知技能，而认知技能被定义为"理解复杂思想，有效适应环境，从经验中学习，参与各种形式的推理，通过思考来克服困难的能力"。这些品质传统上被视为对学生未来就业最有用的品质。相反,非认知技能被定义为"社会决定的、可以在整个生命周期中持续发展以产生价值的思维、情感和行为模式"。

对认知技能的关注应该是每所学校教育使命的核心。但正如英国社会流动委员会所指出的那样:"非认知技能在提高生活质量方面的重要作用已得到有力证实。证据表明,这些结果包括良好的身心状态、安全的关系、满足感、教育成就,以及获得高等教育和更好的职业生涯的可能性等。"非认知技能也是雇主谈论更多的技能,他们声明,非认知技能比纯粹的学术技能价值更高。

尽管如此,过去25年来,全球的多数学校对非认知技能的教育一直在被边缘化。在英国,布莱尔首相领导的工党政府从1997年开始,就对全英国的"识字和计算能力"给予了高度重视。越来越多的学校出于自认为的最好的理由,开始窄化儿童的学习内容。个别勇敢无畏的校长仍周旋着抵抗,来为学生提供更全面的教育,但这是在逆流而上。教育的机械化模型,工厂教育时代唯一合乎逻辑的结论,裹挟着所有学生进入它的体系。学术上的成功越来越依赖于对知识的记忆和对数据的掌握,而不是对它们的反思和个性化的反应。

该模型本质上存在缺陷。除了一些付费学校和最好的公立学校外,教育成为获取技能和知识的一种狭隘经验。就好像政府和学术精英的目的是让所有学生成为同类机器人，而不是相反，即给学生通过自由表达成为独特个体的机会。在牛津大学读本科时，我对学习哲学的前景感到非常兴奋，然而，我们学习的不是那些使我感兴趣的哲学思想，如意识、美学、权威、有神论等，而只是那些完全由男性学者、西方学者、经验派思想家所著的一系列枯燥的文本。学者们感兴趣的不是我的想法，而是他们认为正确的答案，这种经历粉碎了我对哲学的兴趣，导致多年来我始终对之意兴阑珊。

在这种背景下，我们需要看到艺术和创意科目的削减。这些科目没有"正确"答案，也不接受有正确答案的标准化的定量测试。相反，基于学生内心深处独特天赋的个人反应，会帮助他们发现自己是谁。抑制可能导致身份构建上的不安全感和心理健康问题，因此我们应该扩大而不是削减学校的创意预算。在很多情况下，教育对于学生而言，意味着一段没有灵魂、空洞、麻木的经历。

教育可以不是这样的。学校可以帮助每个年轻人发现他们自己独特的身份，并通过让他们独特的个性逐步展开来日渐成长。但是工厂模式在培养来自贫困家庭的学生的个性方面作用最差，而人工智能或第四次教育革命将在此处有用武之地：可以帮助年轻人了解他们所拥有的智慧不只是一方面的，而是许多方面的。这也是我们在下一章马上要探讨的主题。

第 4 章

什么是智力？
——工业时代的狭隘视野

我们现在来探讨智力的本质和意义，以及当机器能够"以迄今为止难以想象的速度向人类大脑传递信息"时，智慧是否还是一种人类所独有的属性。我们将探讨在第三次教育革命时期人们如何评估智力，以及为什么那时对智力的认知视野如此狭隘。我们研究智力是绝对的还是相对的，以及它到底是由主流文化定义的一种单一形式，还是以多种形式存在的。不出所料，我们发现，越是探索智力，这一概念就变得越"扑朔迷离"。

关于我们称之为智力的主观性的思考

每个学生都认识学校里的那些聪明孩子，如果不认识他们的，那是因为他们自己就是那些聪明的孩子。但所谓"聪明的孩子"是什么意思呢？聪明的孩子是指那些做了功课，并在考试中获得了最高分的孩子。一般来说，当我们将某人描述为"聪明"或"有智慧"时，它反映了我们对他人个人心智能力的判断。这是我们通过与他人的互动以及观察他们对刺激的反应所做出的评估，是我们大多数人认为我们能够感觉到的事情。

如果我们在长途旅行的火车上遇到了一个人并开始与其聊天，那么当到达目的地时，我们可能已经可以对该人的智力做出了判断。什么会影响我们的判断？我们可能会被其谈论复杂主题的能力所吸引，而其他人可能会对那些聪敏机智、能把故事讲得跌宕起伏的人印象深刻。没有哪个观点是错误的——它们只不过是我们习惯性地看待"智力"的主观方式的间接产物。

我们大都会同意这样一种观点，一个聪明的人很容易适应环境，能迅速接受新想法，对其他知识领域可以触类旁通，可以用一种新颖的视角来看待事实，并拥有清晰的头脑。我们或许认为，一个人聪明是因为他展示出的这些能力大大超过我们的预期。在我们上面提到的火车旅行的例子中，与我们通常在乘坐火车时遇到的陌生人相比，那些拥有突出品质的人更容易令我们印象深刻。

这种对智力的期待被巧妙地融入其概念中。无论我们为智力选择了什么标准，它们都基于我们之前的理解形成。那些我们认为聪明的人，或者是反映了我们认为其他聪明人具备的态度和行为，或者是反映了那些享有学术地位的人才具有的智慧。我们对智力概念理解的主观性，使我们寻求更有根据的方式或定义。这会给我们带来更多的确定性吗？还是我们在追逐假想的怪兽？可以肯定的是，所有关于智慧的概念都涉及知识的应用，这是我们在第 2 章中讨论过的术语。知识在能以某种方式被应用到实践中并为某个"目标"服务之前，都不是智力。我们稍后再回来讨论这个定义。但我们仍然怀疑，主观性在我们对智慧的评估中是非常强大和微妙的。

智力"测量"的起源

人类客观量化智力的尝试可以追溯到中国的汉朝（公元前 206 年—公元 220 年）。根据儒家学者的建议，汉朝皇帝在公元前 124 年建立了一所帝国的"大学"[⊖]，旨在培养一个官僚精英体系来管理帝国。年轻的"官吏"会接受一系列测试，他们在测试中表现得越好，在汉政府内被指派的官位越高。在此之前，还存在一个非正式的举荐系统，由官员们确认并推荐他们认为最适合在复杂的政府官僚体系里工作的人，而这种官僚体系是保障汉朝这样一个大国顺利运行所必需的。但举荐制主要依靠举荐官员对人的直觉。

○ 即指太学。

中国的精英制度可以说在宋朝达到了顶点，那时在整个国家内建立了针对穷人的公立学校。这一早期的社会流动实验见证了中国最贫穷的男性在地位上的逐级上升。这样做的好处是，最出色的官员可以驾驭和控制帝国复杂而庞大的公民体系。对于政府来说，保持中土的顺利治理至关重要。该制度一直持续到1912年清朝灭亡。正如我们假设的那样，决不能毫无疑问地说顶级的官僚就是最聪明的；但是，就像我们的考试一样，把对智力尝试性的测量作为评估个体技能的工具，是具有一定道理的。

量化智力的尝试是在第三次教育改革变得最工业化的时候，由英国博物学者弗朗西斯·高尔顿（Francis Galton）发展起来的。他作为查尔斯·达尔文的堂兄，也是众多受达尔文1859年出版的著作《物种起源》启发的人之一。人们认为是高尔顿创造了统计中的"相关"概念和"回归均值"法则。跟随达尔文的脚步，高尔顿一生都致力于将自己的统计方法应用到针对人类和个体差异的研究上。他认为，存在一种普遍的心智能力，就像达尔文提出的"自然天赋"或遗传特征那样，限制了个人认知潜力的发展。高尔顿本人在追寻其中原因时，一再受挫。他对心理测量学、头部大小以及其他可观察特征的研究，例如与遗传智力相关的神经反射和肌肉控制研究，都宛如钻进了死胡同。但他的开创性工作激励了其他人，引领了对智力的新的研究方向——如何评估智力以及如何利用测量工具。

欧洲的第一次"智力"测试是由法国数学家阿尔弗雷

德·比内和他的合作伙伴西奥多·西蒙于 1905 年设计的。他们受法国政府委托，寻找一种区分聪明儿童和普通儿童的方法。比内突然想到心理年龄，一种基于同龄儿童平均能力的智力测量。与其他地方一样，这项新的测量方法在美国也受到了热烈欢迎。1912 年，"智商"（IQ）这个词首次在德语中出现——Intelligenzquotient——由腓特烈·威廉布雷斯劳大学（现为波兰弗罗茨瓦夫大学）首次使用。

1916 年，斯坦福大学心理学家刘易斯·特曼进行了一场创新性质的测试，他将参加测验的美国参与者的结果标准化，并将结果转换为单个数字，代表儿童相对于其年龄组的智力水平。计算方法是心理年龄除以实际年龄，并乘以 100（例如 $12/10 \times 100 = 120$）。研究表明，新的测量方法在不同年龄组得到的实验结果是相对一致的，那些具有较高智商的人在教育过程中也会一直表现优秀。特曼将此视为一种表征，表示他的新的测量方法抓住了学生个体天生具有的一种稳定能力，该能力"决定了"孩子的智力水平。比内曾明确警告过世人，对这类观点要小心对待。该理论至少忽略了对儿童的学校表现产生重大影响的环境因素。尽管如此，这一精心设计的智商测量及由此衍生出的各种变体测量方法仍然普及开来，直到今天仍然是一种重要的评估工具。

另一位研究员查尔斯·斯皮尔曼（Charles Spearman）观察到，只要两项测试涉及某种认知技能，那些在一次测试中表现良好的人往往就会在另一次测试中也有相似的表现。虽然相关性并不总是相同，但它们仍然是正面相关的。简单地说，无论考查哪两道题，只要某人可以做对一道题，那么很可能他也能做对另一道。斯皮尔曼推断，结果呈正向相关是因为这些题目测量的是同一种智力特征；并且，若相关程度不同，则是由考察题目与这一智力特征的关系密切程度不同造成的。他将这个一般特征称为"一般智力"，或简称为 g。

自从斯皮尔曼首次提出一般智力的概念以来，人们对一般智力的理解已经发生了变化。今天，一般智力已经是一个发展成熟的统计现象了，虽然人们还没有就导致其存在的实际原因达成共识。研究表明，一般智力可以作为预测教育成就和员工表现的可靠指标，并且在某种程度上是可遗传的。并非没有反对一般智力这个概念的观点，但这些反对观点通常是同一反对意见的反复说辞：把一般智力置于核心地位的最大问题是使我们依赖于仍是近似值的东西，且一般智力的说法低估了环境和机会因素的重要影响。

因此，我们必须在赋予一般智力意义时保持谨慎。假设我们可以把某人的某项运动能力看作是该人在其他运动中表现良好的预测因素，如果我们对运动中的几十种能力进行因子分析，我们可能就会得出结论：存在一种一般运动因素 A，并且该因子可以通过运动商（AQ）来衡量。那些具有较高 AQ 的人在很多运动中都会更加熟练自如。但我们也知道，这种观察到的一般能力取决于多种因素，比如饮食、肺活量、手眼协调能力等可以让人在某些运动中表现优秀，而在其他运动中未必如此。梅西和费德勒是出色的足球运动员和网球运动员，但如果让他们互换项目，就无法保证他们一定会表现出色了。用理解 AQ 的方式理解 IQ 也是不适当的，因为我们可以以一种可测量的方式观察自己的身体。但却不能以同样的方式观察我们的头脑。因此，当抽象的观点被视为科学事实时，是可能出严重错误的，特别是，如果这些"事实"之后被用于形成政策或为政策建言，而没有考虑道德、背景或历史因素时。试图以纯粹的认知能力来测量智力的努力经常充斥着急躁的心态，导致这些测量缺乏科学基础或可靠性。我们无法逃避这样的结论：人类智慧在工厂教育时代经常被赋予虚假的客观性，用来衡量人类的一小部分能力，并且在进行个人智力评估这类主观判断时通常居于主导地位。机器有可能做得更好吗？

机器智能

最早的计算或计数装置可以追溯到第二次教育革命的起源时期，其中，巴比伦尼亚[⊖]早在公元前 2400 年就使用一种算

⊖　巴比伦尼亚是亚洲西南部幼发拉底河谷的古代文化地区。——译者注

盘。最早使用计算天文位置的"模拟计算机"（安提基特拉机械）可以追溯到公元前100年的希腊人。计算尺是继约翰·纳皮尔发现运算法则概念后在17世纪20年代被发明的。

第一台机械计算机是由查尔斯·巴贝奇设计的，这位英国发明家在19世纪初被称为"计算机之父"，这台计算机使用机器打卡并有一个集成内存。使用机械或电气模型作为计算基础的模拟计算机在20世纪20年代达到了高点。到20世纪30年代末，第一台数字计算机已经投入了使用。现代计算机最初由艾伦·图灵在其发表于1936年的著名论文《论可计算数字及其在判定问题上的应用》中提出，该论文表明机器可以被编程，这开辟了"机器学习"或人工智能的可能性。到目前为止，计算机只是快速可靠地执行人工指令。他们没有"思考"能力，也没有任何意义上的"智能"。我们将在下一章中看看计算和机器学习中发生的事情，以及机器"思考"的含义。

集体智慧

在个人生活中，个人智力可能具有显著的预测能力——智商可以作为衡量个体在学校和工作中表现如何的指南。但是，个人智商对于理解大规模的群体的表现结果并没有多少洞察力。这其中最简单的假设是"以个人单位计的原始智慧越多，越能带来更好的集体表现"。但是现实是，无数由聪明人组成的组织，却经常做出并不聪明的行为。近期的一个案例是，2017—2018 年度，英国假释委员假释了仅监禁了 10 年的多案强奸犯约翰·沃柏斯（John Worboys），这是由"聪明人"构成的集体所做出的对多数人而言都堪称愚蠢的决定。

哈里·谢顿（Hari Seldon）是艾萨克·阿西莫夫（Isaac Asimov）《基地》系列小说的核心人物。作为一名数学教授，哈里·谢顿发展了"心理历史"理论，他用这种理论以统计的方式描绘人类的未来。这个理论是所谓的"布朗运动"的衍生物——气体中单个粒子的运动是随机的，但是可以预测整个气体的行为。同理，该理论认为，尽管个人行为很难预测，但这些行为的累积效应是可以预测的。

互联网的爆炸式发展带来了超出人们认知范围的互联互通，人们迫切希望找到新的合作方式。技术的进步为信息的访问、扩散和处理带来了极大的便利性。这会为人类智能合作提供新的机会吗？个体利用这些新环境的优势进行合作和竞争，而"集体智慧"（CI）理论试图解释这一新兴现象。正如社会企业家乔夫·穆尔根（Geoff Mulgan）在《大思维》（2018）一书中所说的："'集体智慧'主要关注人们如何在线协作。广义地说，它关注的是各种不同的智慧如何大规模地互动；在最广泛的意义上，它涵盖了整个人类文明和文化，构成了我们人类的智慧，并通过书籍和学校、讲座和演示，或通过父母早上向孩子们展示如何静坐、如何吃饭或穿衣服，并一代代传承下来。"

在最理想的情况下，非常能干的人聚集在一起是可以做出明智决定的。但是，集体智慧理论提醒我们，无论个人的智力程度如何，都无法保证高智商的集合——无论是在公司、大学还是政府——必然会做出具有智慧的决策，那些更善于反思、更爱深思熟虑、计谋更加深远的人的声音很容易被忽略。但好消息是，由于互联网和视频会议技术的发展，现在我们拥有了可以解决这个国际性问题的新机会。在后面的章节中，我们会涉及一流的"全球"大学是如何致力于解决这些问题的。在结论中，我们还会讨论联合国将负起在未来监督人工智能的主要责任。

研究员卡尔·亨德里克提出的"阿比林悖论"是一个生动的例子，惟妙惟肖地展示了"聪明人集体如何做出一个既不聪明又不切实际的决定"。这个悖论描述了美国得克萨斯州的一位教授和他的家人和朋友，如何在炎热的天气里驱车80多公里去一家没有人喜欢的餐馆吃饭，这只是因为在选餐馆的过程中没有人质疑这个选择。这个故事中的教授，杰瑞·B.哈维（Jerry B. Harvey）创造了阿比林悖论来解释"群体做决定时的一个怪异之处：一个人人都不想要的决定被群体默认创造出来，因为每个人都认为自己在同意集体中其他人的意见"。

更多形式的智能：EQ，CQ，SQ 和 NQ

智商（IQ）无处不在的影响也受到了许多学者的批评和质疑。"情绪智力"——我们体察自己和他人情绪的能力，被称为情商（EQ），这个术语首次出现在迈克尔·贝尔德克（Michael Beldoch）的论文中。1995 年，美国科普记者丹尼尔·戈尔曼（Daniel Goleman）出版了《情商》一书，该书一经出版即成为畅销书，情商这一术语也得到了迅速普及。情商理论强调了想要拥有更智慧的思维或更快乐的生活所必需的品质或特质。但该理论受到了一些学者的批评，部分批评源自于那些被情商理论试图撼动智商地位的野心所激怒的人。在这方面，心理学家马丁·塞利格曼（Martin Seligman）的作品可以为我们提供一个更可靠的参考。

"好奇商"（CQ）涉及的知识要少得多，但值得我们认真关注。正如托马斯·查莫罗-普莱姆齐克（Tomas Chamorro-Premuzic）所写的那样："好奇商……是拥有一个求知若渴的心态。CQ 较高的人对新体验更有好奇心，态度也更开放。新奇事物令他们兴奋，没有变化的墨守成规让他们厌倦。他们容易产生许多独创性的想法，并且不爱循规蹈矩。""好奇商"越来越受欢迎，部分原因在于人们对当代信息过剩的反应。信息过剩的现象早在300年前就在烦扰着哲学家戈特弗里德·威廉·莱布尼茨和德尼·狄德罗，他们当时写下了"可怕的浩瀚书籍"的字句。认知心理学家丹尼尔·列维京（Daniel Levitin）也就此在自己的著作《有组织的思想：在信息超载时代直接思考》（2014）中郑重其事地发表了对"好奇商"的看法："好奇商"给所有人，包括学生在内，提供了从过多甚至往往是虚假的信息中提炼事实的技巧，并致力于培养提出正确问题的能力。

"好奇商"可以给人带来更大的"智慧"，而"精神智慧"（SQ）也是如此。詹姆斯·弗勒（James Fowler）在1981年描述了由精神病学家拉里·库利福德（Larry Culliford）开发的SQ发展的"六个阶段"。拉里·库利福德写道："它（精神智慧）将个人深层的智慧与宇宙普遍的智慧联系在一起。"好奇心和精神智慧需要更为深刻地嵌入到我们的第四代教育系统中。

最后，"自然商"（或称NQ）主张是自然界的固有智慧促使我们进化，并协助我们的身体在不经思考的情况下也能够维持日复一日的运作。同样，自然商也负责会带来身体疾病的细胞和病毒的突变。自然商在许多我们几乎无法控制的方面表现出比智商更高的智慧，来确保我们的基本生存和发展。

"国家"情报

Intelligence（此处指情报）这个词，是从拉丁词汇 intelligere（理解）衍生而来的。它最早被国家层面的政治和军事系统所使用，其目的是为了维护国家安全和保障国家任务的顺利进行。自世界上第一批国家出现，领导者就试图获得敌人的情报，以确保自身安全。情报搜集的方式多种多样，但都是作为胁迫和惩罚的工具而存在的：中世纪的基督教会搜集各种情报以确保人们不会背叛信仰；12～13世纪的蒙古人则设置了一种特别残酷的情报机构。

在1648年签订《威斯特伐利亚条约》之后，欧洲主权国家的出现开启了现代情报搜集的序曲。通过公开或隐蔽的方法确定其他国家的意图和计划成为国家必不可少的工作。收集情报的"间谍"与外交官和大使的任务密切相关。19世纪大规模国家军队的扩散，以及19世纪末出现的工业军事化，为当代情报的发展提供了强有力的推动。高质量的情报可以让一个国家转危为安，也可以使之夷为平地。在第一次世界大战前夕，欧洲拥有庞大的情报收集网络，然而，它没有致力于避免战争，而是通过加剧国家间的猜疑而促使战争到来。

在整个20世纪，无线电通信、更便捷的旅行方式和计算方面的发展大大增强了情报的作用。在英国，军情五处（被称为军事情报局）或国家安全处，于1909年成立；而负责监视国外动态的军情六处（或称"秘密情报局"），也成立于1909年。"MI"代表"军事情报"（Military Inelligence），数字后缀代表他们的首个办公地点。在美国，联邦调查局（FBI）和"中央情报局"（CIA）分别于1935年和1947年成立。

在这些背景下"情报"一词的内涵变得非常具体，它指获取"有价值"的"准确"信息，而这些信息是他人有理由保持的"秘密"。这个特殊的情报世界对许多人来说很有吸引力，并且是小说、非虚构历史、电影和电脑游戏兴致勃勃描绘的主要对象。人们参与这种情报（intelligence）的兴趣明显高于一些学生在学校学习知识的兴趣。人工智能的出现使得国家情报的世界变得更加简单也更加复杂。这就是人工智能的工作原理。它还提醒我们，智慧应该是为了全人类的利益，而不仅仅是其中的一部分。

智力研究中的争议：优生学

自从人类第一次尝试衡量智商以来，智商测试一直处于争议之中。高尔顿基于对智商的测试，在 1883 年提出了关于优生学的粗略的想法，即改善人类遗传质量的尝试。人类个体之间的差异表明，通过借用畜牧业的做法，人类有可能生育出"超级聪明"的孩子——优秀的年轻人要生育并且多次生育，不那么优秀的人不要生育。

高尔顿的提议在道德上是不被允许的，他也并没有明确地提倡过这些措施中的任何一种。

未来的优生学家必须首先回答：哪些特质是可取的？对必要的特质的定义反过来也可勾画出哪些特质是不可取的。然后，优生学家的任务就是确定一种方法来阻止被称为"不受欢迎"的特质的扩散，如果可能的话，还要彻底消除它。正是在这种决心和紧随其后的对所谓的不受欢迎的特质的消除，令高尔顿的想法从令人不悦的好奇心堕落成了完全不同的东西。许多旨在重申种族和阶级差别的所谓的"客观"测试已经被创造出来。这是为什么但凡触及智力、阶级和遗传的讨论都必须小心谨慎的另一个原因。这种怀疑并非没有道理，历史已经显示出了优生学失控的可怕后果。

但是，应该不用尝试给高尔顿正名。大规模的人类基因工程的立场毋庸置疑是不道德的，将高尔顿与以他的想法为名的暴行之间的联系视作巧合则是经不起推敲的。如果人工智能机器确实可以获得一般意义上的人类的智能，那么对于那些被认为不聪明或没用的人来说，它又有什么用呢？但说到这里，我们有些冒进了。人工智能是下一章的主题，在本章我们还有另一个需要考虑的争议。

智力研究中的争议：钟形曲线

1994 年，查尔斯·默里（Charles Murray）和理查德·赫恩斯坦（Richard Herrnstein）共同撰写了一本名为《钟形曲线》的书。这两位研究人员一贯坚持对智力的讨论中"秉承科学的原则"，他们探索了一个人的智商与其社会、经济地位之间的关系，以期制定合理有用的政策或建议。他们并没有预见到这本书带来的热烈反响。

《钟形曲线》是一本非常适合煽动狂热情绪的书。它的主题是敏感的，虽然语言温和，但结论极具冲击性。查尔斯·默里和理查德·赫恩斯坦认为，智商是美国社会经济发展的最大推动力，不同种族的总体智商一直存在差距，并且理所当然地认为这些差距是由遗传决定的。

自本书出版以来的 25 年中，其论点已遭到多次拆解和驳斥，但之后又不断再次得到认可。书的篇幅（大概 850 页，取决于版本的不同）及其众多详细的统计附录使得驳斥它的任务变得分外艰辛，任何试图完全否定这一论点的人都必须首先在大部分数据准确的页面中挑选漏洞。此外，这本书的风格也增加了任务的难度，它是严肃的学术书籍和一般的科普读物的混合体。有明确政治诉求的人夸大其主要观点，然而在美国种族冲突十分尖锐的政治背景下，很难判断那些反对的声音是针对本书的内容发出的，还是仅仅因为它的象征意义。

正如我们所见，智商是一个充满争论的概念，证据缺乏的地方就是意识形态的介入之地。由 52 位杰出的科学家签署并发表在《华尔街日报》上的一篇专栏文章，阐释了这本书的批评者们所犯的错误，并"倡议对该研究近几十年所揭示的令人烦恼的现象进行更合理的讨论。"这当然很好，但我们也可以合理质疑这本书突出一般智力的显著地位的做法是否正确。因为这一做法有它的局限性：它没有考虑其他的替代性概念，而且作者特别夸大了智力中遗传影响的程度，夸大了其作为社会经济发展的预测因子的效用，并低估了其他具有重要影响的因素的价值。

《钟形曲线》一书具有独特的挑战意义，因为它的数据非常正确。黑人和白人的智力之间确实存在着区别。失败的地方在于作者对数据做出的解释非常狭隘，他们在很多的可能性解释中只选择了那些能确认旧有观念的。所以，在将智能概念引入机器时，我们必须小心确保编程不会同样只反映我们的偏见。

机器是不会讲求礼貌的，因为它们不能自欺欺人，也不会阿谀奉承，数据也同样不会 。这并不是说数据不能被伪造，或是对它们的解读不带有某种偏见，而是要指出数据中固有的偏见会以某种方式影响结果。因此，在选择我们输入机器的数据时，必须严肃地质疑其收集过程、其中包含的变量以及这些变量的含义。

一个鲜明的例子是机器算法产生的"性别歧视"或"种族主义"问题。机器算法本身在技术上没有任何问题，它们简单地描述了解决问题的过程。然而，"人工智能模型对我们来说像是一面镜子，它不明白我们什么时候并不想要诚实。如果我们提前告诉它如何骗我们，它只会向我们说出道貌岸然的谎言。"如果输入的数据反映了人的偏见，就很难处理有偏见的结论。智商评估可能会清晰地告诉我们，在由白人，主要是中产阶级男性准备的测试中谁会表现得更为突出，但除此之外，关于对智商的更广泛评估却无从谈起。

摒弃思想的主权

盖伊·克拉克斯顿在他的著作《任性的心智》（2017）中，对"笛卡尔的二元对立性"进行了批判。这个概念来自于17世纪的哲学家勒内·笛卡尔。笛卡尔对人类的思想极度重视，拉丁语更形象地表达了他的观点就，即"我思故我在"。在这点上，克拉克斯顿认为，智力也包括了身体的功能，为此他提供了对智力的更统一的理解。我们可以将其称为"扩展的思维"或"具体的智能"。这种观点认为，认知不仅仅是大脑的功能，它还是一个经验的混合体，包括了大脑的功能以及用来感知和改变世界的身体的功能，而这一点又体现在一个更大的"生理、心理和文化的背景"当中。

这个论点看起来大而无用或完全没有用武之地，但其实它是至关重要的。克拉克斯顿认为，思维或智力是非常重要的，但并非重要到包容万物。该理论意味着身体、它的健康情况和我们对它的认识必须被囊括进与我们对智力的探讨中，并进而被扩展到我们在第四次教育时代接受教育的方式中。事实上，我们会比克拉克斯顿更进一步，我们认为在第四次教育时期，我们需要更多地去关注意识，而不仅仅是在前三个教育时期占主导地位并且试图回答一切问题的认知思维；我们认为可以用不同的方式表达笛卡尔的格言——"无论怎么想，我就是我"。

重温加德纳的多元智能理论

霍华德·加德纳是另一位关注身体智能的学者。他的多元智能理论源于他对已被广泛认可的理论的不满——只存在一种单一的智力，而且可以通过简短的回答问题或笔试来对之进行有意义的衡量。加德纳认为，这种观点是狭隘和站不住脚的：

"在我看来，如果我们要充分涵盖人类认知领域，就必须包括更广泛和更普遍的能力范围。并且要秉持并保持开放的态度去承认，大多数这些能力并不适合通过标准的语言测试进行测量，因为标准语言测试依赖于逻辑和语言能力的结合。"

考虑到这些因素，笔者形成了一个"智力"的定义：智力是一种解决问题或创造产品的能力，是一种在一个或多个文化背景中被重视的能力——这一定义并不提及这些能力的来源或"测试"它们的正确方法。

正如我们所看到的，加德纳的思想并没有受到普遍欢迎。他自己也承认，"大多数心理学家，特别是大多数心理测量者，从没有欢迎过这一理论"。从更神秘的角度来看，神学家理查德·罗尔写道："深刻的认识和临在不会发生在我们的思考中。要真正了解某些事物，我们的整个身心必须是开放的、清醒的、临在的。"对加德纳理论的批评集中在用来衡量智力类别的测试的匮乏，以及实证上严谨性的缺乏。但我们也必须同时考虑到设计有效测试的难度，以及实证性测试对于一种基于试验和直觉的理论是否是有价值的。正如对待任何智力理论一样，我们对多元智能理论的应用应该慎之又慎。该理论已经被应用于教育领域，部分原因是因为它契合了许多教师的观点：目前的教育体系过于狭隘，它贬低了一些学生的才能，并且削弱了教育的整体成就。就此，我们也有同感。

加德纳的理论使我们能够摆脱更严格的智力概念带来的一些挑战。该理论承认智力是一种由文化背景和文化偏见决定的社会结构，他不再强调智力测量的重要性，因此我们也无须再殚精竭虑地寻找理想和客观的测量手段。最后，该理论允许我们考虑一系列被认为对个人或/和社会有价值的能力，这些能力值得培养和发展。这些观点为我们在第四次教育革命时期如何重新规划教育蓝图提供了新的工具，以帮助社会培养新文化所认为的最有价值的那些能力和特质，并提出了解决社会不公的不同途径。

加德纳定义了七种不同类型的智慧：音乐节奏、视觉空间、口语-语言、逻辑-数学、身体-动觉、人际关系和内在关系。但他和我们都没有特别坚持一个特定的数字。事实上，在他的开创性著作后的采访中，加德纳建议将"自然主义"——识别动植物的能力和对自然的有效利用,添加到最初的七种智慧类型中,或许还有"存在主义"智慧,或称智慧灵性和"教学-教学法"智慧。我们更喜欢2008年在英国惠灵顿学院建立的"八种能力"的四联模型:即"逻辑"和"语言"能力、"个人"和"社交"能力、"文化/创意"和"自然"能力、"精神"和"道德"能力。但是,关于智慧的完美模型并不存在。

关于"21世纪技能"的大量文献强调了相似的能力范围。查尔斯·法德尔,马萨诸塞州波士顿"课程重新设计中心"的创始人,认为我们需要三种能力的教育:"知识",即我们所了解和理解的东西,包括传统科目(如数学)以及"现代"科目(如企业家精神和有关全球能力的主题);"技能",即"我们如何使用我们所知道的",包括创造力、沟通和批判性思维;"品格",即"我们如何表现自己和参与世界",包括正念、好奇心、道德和领导力。总之,把这些能力结合在一起,就产生了"元学习"或"我们如何反思和适应"的能力。

第三次教育时期的教育模式并不容易满足教授学生多元智能和21世纪技能的需求。但是,这种新技术可以发展我们的智慧,并弥补我们之前对智慧理解的不足,试着将我们的理解提升到一个历史新高度。

第 5 章

人工智能及其发展历史

人工智能时代即将到来。为了了解人工智能到来时我们所处的历史阶段，我们可以跟 1886 年时汽车行业的发展进行一下类比。那时，卡尔·本茨刚刚发明了内燃机，人们不知道这项发明将会带来什么，也不知道它将会改变人类的生活。虽然这种比较在某些方面是不对的：人工智能涉及的范围远远超过汽车，并将带领人类走得更远。然而，大众对人工智能的讨论大都相似，并且大都引用的是流行文化的案例。我们都知道类似的事情，但哪个类比是更准确的呢？是来自电影《终结者》的"阴险天网"公司，还是来自《银河系漫游指南》的永远沮丧的存在主义者马文？

常见的误解是人工智能必然涉及机器人。机器人和人工智能是相关但又截然不同的学科。机器人涉及的是物理运动和人类互动，人工智能涉及的则是思想以及对人类的影响。人工智能可以与世界建立起一个机器人界面，但机器人只是众多可能的界面之一。

围绕人工智能的猜测揭示了我们对超出技术本身的文化焦虑、恐惧和希望。从现在的时间点来看，我们过去对未来的看法往往显得很可笑。但是，我们不应该把对未来的恐惧作为借口，而不去探索可能发生的事情和人工智能能够带来什么，因为这不是一件可有可无的小事。对未来的合理想象将有助于我们制定最佳政策，以最大限度地减少最不理想的结果，并最大限度地发挥人工智能对于教育和人类未来的作用。

一个尝试性的定义

人工智能或机器智能（MI）是由人工创建的机器进行数字控制过程，它"感知"并适应其环境以实现自身目标。来自英国工程和物理科学研究委员会较正式的描述是：人工智能技术旨在计算系统中重现或超越人类要执行这些任务所需的"智能"。这些"智能"包括：学习和适应能力、感官理解和互动能力、推理和计划能力、编程和参数优化能力、自治能力、创造力、从大量不同的数字数据中提取知识的能力，以及预测能力。

在某些需要应用智能的任务或某种类别的任务中，人工智能至少已经做到了可以与人类工作同样有效。通常情况下，当人工智能"解决"一个问题时，规则就发生了变化。由于机器就能解决问题，可见问题本身的解决是不需要任何智能的。这种唯我独尊的视角将智能局限于日益减少的机器无法解决的问题上。但正如我们从历史中所了解到的那样，今天不可能的东西在明天也许就变成了现实。

可以执行需要智力的任务的人工智能，术语称之为"通用人工智能"（AGI），也称为"完全 AI"或"强 AI"。相比之下，仅执行特定或设定任务（例如下棋）的机器被称为"弱 AI""狭义 AI"或"应用 AI"。自第二次世界大战以来，研究人员一直致力于在广泛应用方面开发 AGI，而不只是具体的应用方面，以匹配甚至超越人类智能。玛格丽特·波登将其描述为"大多数人工智能先驱研究者的目标"，这种研究是如何开始和发展的呢？

人工智能简史

长期以来，人类一直对创造出能够与人类智力相当以及可以独立运作的物体充满了兴趣。历史上不断有人尝试实现创造原始人工智能的梦想。在《伊利亚特》中，荷马将赫菲斯托斯的金色侍从们描述为"外表就像位生机勃勃的年轻女性。她们心中有智慧，言语清晰，强壮有力，从不朽的神灵中学会了如何做事"。据称，中世纪的炼金术士制造的铜头可以对人类提出的任何问题给出正确答案，这比 IBM 公司创造的沃森机器人早 800 年。

"机器学习"一词的起源可以追溯到 20 世纪 20 年代美国俄亥俄州心理学教授西德尼·普雷西（Sidney Pressey）所设计的一系列机器。他早期创造的机器为学生提供了一个多项选择菜单，在给出正确答案之后，这个菜单才会继续下一个问题。他试图证明机器确实可以"教导"学生，而学生们学到的知识进一步鼓励着他们学习。这种自我教学不知是不是有意从伟大的教育思想家玛利娅·蒙台梭利（Maria Montessori，1870—1952）的工作中汲取了灵感——蒙台梭利认为每个孩子都应该按自己的需求学习。

现代人工智能的根源可以追溯到诺伯特·维纳（Norbert Wiener）的著作《控制论》（Cybernetics，1948），该书为人工智能学科和自我调节机制的创建提供了理论基础。两年后，计算机科学家和代码破译者艾伦·图灵（Alan Turing）在 1950 年撰写了一篇具有开创性的论文《计算机和智能》。其中，他提出了一个测试（后被称为"图灵测试"）来回答这个问题，即"机器能思考吗"？计算机和人类由一名第三方的仲裁者分离开来。如果这名仲裁者通过键入消息与其他两方进行沟通，而无法区分这两者，那么机器就"通过"了图灵测试。这种测试强调纯粹的口头交流，但仍然被渴望有所突破的研究人员当作里程碑。

1956 年夏天，在美国达特茅斯学院召开的一系列学术会议之后不久，人工智能的正式研究就开始了。正是在这里，"人工智能"一词由计算机和认知科学家约翰·麦卡锡创造了出来。我们可以从研究人员希望得到洛克菲勒基金会资助的请愿书中找到他们当时共同的愿景：

> "我们建议在 1956 年夏天，在新罕布什尔州汉诺威的达特茅斯学院进行一项为期两个月的、十人参加的人工智能研究项目，该研究的基础是假设学习的任何方面或任何智能特征在原则上都可以被精确地描述，以便使机器能够模拟它。"

那个夏天在新英格兰聚集的小组可能完全没有预料到他们自己进入了一个什么样的领域，他们并没有冲昏了头脑地想象自己在一个夏天就能够满意地解决他们所探讨的问题。但他们可能也没有想到自己研究的问题会成为自己学术生涯的标志性研究，成为我们这个时代的重要主题。

许多伟大的科学家都为这个不断发展的领域做出了贡献，但我们应该特别提到博学家赫伯特·西蒙。他在 1975 年获得了图灵奖，1978 年获得了诺贝尔经济学奖，是人工智能及其在教育领域的应用研究的先驱。他在 1956 年和艾伦·纽维尔（Allen Newell）一起创造了"逻辑理论机器"，还在 1957 年创造了"一般问题解决者"，后者可以将问题解决策略与特定问题的信息分开。那一年，他预测计算机将在十年内在国际象棋中击败人类。他只是算错了时间而已。

即使在最初的日子里，人们也曾怀疑围绕人工智能的炒作是否与现实相符。冷战期间，美国政府对人工智能的兴趣也部分受到了军事命令的驱使。在协同人工智能研究的早期阶段，美国政府曾是"机器翻译"等外语项目的主要支持者。但十年的投资没有换来预期的回报，再加上"自动语言处理咨询委员会"（ALPAC）的报告说，在可预见的未来，使用人工翻译会相对便宜，使得政府对相关研究的兴趣慢慢枯竭。在英国，完成于1973年的很有影响力的《莱特希尔人工智能报告》也得出了类似的批判性结论："该领域迄今为止进行的任何研究都没有带来它所预测的重大影响。"报告的语气很是不屑一顾。英国政府随之停止了对人工智能研究的资助，只保留了对几所大学，例如爱丁堡大学、苏塞克斯大学和埃塞克斯大学等的资金支持。20世纪70年代，人工智能泡沫的破灭导致了人们所谓的"人工智能的寒冬"，这种情况一直持续到20世纪90年代中期互联网开始繁荣发展。

这是一个并不陌生的循环——对一个复杂但令人兴奋的新兴领域人们最初会表现出由不切实际的期望所驱动的热情，然后经历了幻想的破灭，人们兴趣减退，选择退出。对此有真正信仰的人退出后会重整旗鼓、整装再发，也经常会迎来好日子。而这时候的人工智能科学家们在埋头研究着"信息学"和"机器学习"，每个周期都会取得一些进展。1989年，人工智能系统的"高科技"（HiTech）和"深思"（Deep Thought）首次击败了与它们对弈的国际象棋大师——这是人类战略天才首次在游戏中的呈现。但直到 1997 年 IBM 的"深蓝"（Deep Blue）——"深思"的后代，才最终击败了卫冕世界象棋冠军加里·卡斯帕罗夫。国际象棋成为看似无所不能的机器所要进军的新领域，尽管我们必须提醒自己这只是"弱人工智能"，离"生成性人工智能"还有很长的路要走。

理解人工智能在教育中的潜力的关键是理解"监督"和"无监督"学习之间的区别。前者遵循已知的模式，后者自己思考，因此可以说是创造性的。AlphaGo 和 AlphaZero 证明了这两者的不同之处。"生成性人工智能"同样可以说是具有创造性的，这挑战了那些认为想象力是人类所独具的人的观点。"生成性人工智能"可以使用人工智能来创造全新的东西，或使用谷歌的 DeepDream 程序来制作，或者通过接受现有艺术作品，例如莎士比亚的作品的"启发"而创造。毕竟，图灵自己有一句名言：将数字计算机描述为大脑并非完全不合理。

击败卡斯帕罗夫的计算机像是一个巨大的由电路和电线构成的黑色方尖碑。从那时起，人工智能技术变得体积越来越小，也越来越强大。人工智能的发展遵循了摩尔定律。摩尔定律是 1965 年由芯片制造商英特尔的联合创始人戈登·摩尔首次提出的理论，该理论指出，计算机的速度和存储容量每两年翻一番。但这并不意味着人工智能的发展将是一帆风顺的。与大多数技术一样，人工智能跟跄、蹒跚地沿着不断上升的道路前进，在大大小小的发明和想象力的推动下快速进步。有人说，人工智能很快就可以做到自己推动自己的发展。

在本章末尾将要讨论，为什么人工智能和大数据的发展创新使得"深度学习"成为可能。因为深度学习需要极其强大的计算机功能来学习我们使用技术创建的大量数据，我们也可以在深度学习中找到数据间的模式和意义。

自 20 世纪 60 年代以来，从计算机科学到心理学等领域的研究者在教育领域中投入了大量的努力来寻求突破，他们利用基于知识和规则的系统为学校和大学提供量身定制的系统，但没有取得显著的成功。奈杰尔·夏伯特（Nigel Shadbolt）说："过去的十到十五年里发生的最大变化，是可分析数据的大规模增长。"这解释了为什么到目前为止，我们看到的人工智能在教育领域的影响很小。但接下来的三章内容会告诉我们，我们马上就处于第四次教育革命的风口浪尖之上了。

计算机与克服枯燥的工作

人工智能和计算机的历史有着千丝万缕的联系，计算机的发明部分是为了减轻计算任务的烦琐劳累。与当今计算机所面临的大量任务相比，这似乎只是一种小小的愿望。但这样的宣称其实掩盖了它的真正力量。就某种程度而言，使用计算机的人里没人会否认计算机给我们的生活带来了极大的方便。或许，数字计算机的兴起和应用所产生的一个更为重要的影响是将人类知识扩展过程中的厌倦感最小化了。

为了证明这点，假设有两个十位数的数字，然后按照我们在学校学到的方法，将这些数字相乘，除了笔和纸之外，不允许使用任何快捷方式或辅助工具。我们很快就会对这个练习失去兴趣，因为长时间的乘法需要重复地执行基本操作，并需要密切关注每一步的细节。计算的步骤可能很简单，但任何失误都会导致结果错误，如果有多个错误，结果就完全无法使用。

想象一下现在是 1614 年，您的名字是约翰·纳皮尔。您已经发现了对数——一个强大的算术工具，源自希腊语单词 logos 和 arithmos，分别表示单词和数字。它可以通过某种方式使乘法转换成加法，但需要对一个十位数进行数百次基本操作的计算，现在被简化到了只需要其中几步。

显然，这是一种更加有效和准确的乘法方法。但其中的诀窍是，为了让他人从复杂性降低的步骤中受益，必须首先以某种方式为可能需要相乘的数字的重要子集制造对数，而且这一步你还必须手动完成。您必须反复计算相同的生成过程，并对每一个细节保持高度警惕。据报道，纳皮尔花了 20 年的时间来发表他的《奇妙的对数定律说明书》(*Mirifici Logarithmorum Canonis Descriptio*)，其中包含了 90 页的推论。今天，纳皮尔的"算法"只是几行代码。我们应当注意到，"算法"这个常用词仅仅是指计算机可以处理的一组指令，而这个词出自于 9 世纪的一位波斯数学家。两个听起来很接近的单词可能彼此没有什么关系，这可能令人困惑，至少对非数学家来说是这样的。

知识分子正在致力于对宇宙物理定律的研究，并且积极探索着能帮助人们理解这些宇宙定律的抽象公理。执行这些任务所需的手动计算没有那么多了。虽然在学习或研究中完全消除这些烦琐的步骤是不可能的，甚至是不可取的；它们确实也给我们的学习和研究造成了负担。想象一下，如果纳皮尔的对数理论的发表没有被长时间延迟的话，它可能会对科学发现造成更大的影响。

自哲学家莱布尼茨写出计算的核心需求以来，已有三个世纪了：

"……天文学家当然不必再继续训练他们做计算所需的耐心。正是这种耐心阻止他们计算或校正表格和构建星历表，阻止了他们建立假设，以及与同事探讨自己的发现。对于这些优秀的人来说，像奴隶一样浪费大把的时间在计算上太不值得了；若使用机器，这样的计算可以交付给任何一个人来做。"

计算的核心目的是使人类摆脱乏味的苦差事，以追求蕴含更多高级智慧的理想。不难看出，这种雄心壮志直接引领人们创造了更擅长规避单调乏味的工作的人工智能。这也是未来教育的理念基础，即培养个体都能过上有意义的生活。在第三次教育革命时期，教师是学习的关键驱动因素，但是他们的作用因为其单调而乏味的行政负担而受到严重阻碍。要想在这个新时代充分教育我们的年轻人，我们需要的是一个更完美无缺、更与他们相得益彰的支持。我们还需要注意的是，若想让学生理解更复杂、更深奥的知识，那么当跋涉在知识的征途中，为枯燥的学习流淌一些汗水也是有必要的。

关于编程和语言的简述

有无数的编码"语言"，一些近似英语语法和结构，其他的则大量借用数学学科的语言。语言也因程序员给计算机指令的目的和精确度而异。虽然已证明编程非常有效，但不能忽视编程与计算机沟通时的障碍。如果计算机能够理解简单的字母指令，例如"将该字节移动到存储器"或"按品种的字母顺序给这些狗排序"，操作就会简单得多。不过，我们正在逐渐接近于实现这个现实。智能手机和无处不在的数字软件已经能够处理我们所说的一部分内容了。只要问题是在某些确定的领域内，它们就能够给人类满意的回应。

当我们在教育环境中使用计算机时，它的好处就非常明显了。语言是知识传授和学生交流中不可或缺的部分：即使缺乏"真实"的智能，拥有能够恰当回应的计算机也是一种重要的教学辅助手段。这就是人工智能发挥作用的地方：它为每个学习者提供了构建独特的教育体验的机会。但由于没有语言的整合，这种灵活性就难以实现，因此"自然语言"必须在与学生互动的系统中占据突出地位。自然语言处理（NLP），即计算机和人类之间利用自然语言进行的交互，始于20世纪50年代，艾伦·图灵以其著作《计算机和智能》（1950）再次成为该领域的先驱。

解决问题的过程需要在各式各样的从抽象到具体的解决方案之间不断进行调和。面向学生的人工智能应该能够在这些差异之间无缝移动，并能根据学生的能力确定哪个更合适。这样的人工智能可以被进一步给予指令，使其可以为学生选择最佳的学习方式。他们更喜欢听觉信息还是视觉信息？他们需要定期休息吗？有趣的信息刺激了他们的学习热情还是分散了他们的注意力？人工智能必须能够区分由个体特质、能力不足或外部干扰所导致的学习缺陷。简而言之，新技术必须能够学习教师和学生的互动模式。就在十年前，NLP（自然语言处理）为教育领域打开了令人难以想象的大门。尤其是当我们看到处于起步阶段的量子计算机以大大增强了的计算能力替代当前计算机的时候，会更加赞叹。

想试图理解人工智能是什么或将会是什么样的，马上会让人处于最深刻的哲学问题和存在主义的思考之中。艾伦·图灵并没有回避这些问题，他承认，大概永远不可能相信与人的自我分离的某个实体可以具备人的智慧，但他认为这不是重点。"这个起点问题，"他指出，"我认为毫无意义，是不值得讨论的。"在我们的生活中，我们不能明确地说其他人是聪明的还是只是"高保真的拟像"：我们接受他们是有智慧的事实。如果一个实体有令人说服的智力，我们就必须接受这个实体是智能的，或者找到一种新的智能定义方式。如果机器在绝对意义和客观意义上都是智能的，它能令人满意地说服那些聪明人承认它也是聪明的，又有什么不可以呢？

如果我们接受这一点，那么剩下的问题就是伦理问题了。我们能否按照目前对待计算机的方式对待智能机器呢？如果计算机变得聪明起来，计算机是否仍有兴趣为我们工作呢？我们将在最后几章探讨这些问题。

人工智能研究的前沿：DeepMind 公司

人工智能研究一直对复杂的棋盘游戏着迷。从某种意义上来说，人工智能的历史就是计算机化国际象棋的历史。这种解读基于这样一个古老的假设：处理复杂棋盘游戏的技能是高智商的证明。随着我们对智能理解的改进，以及人工智能对这些游戏技巧的掌握，这个假设受到了挑战。但我们的框架也为研究这些游戏提供了一个非常具有说服力的理由。

赢得复杂的棋盘游戏属于"间接目标，确定性环境"类问题。这些游戏如此具有挑战性，是因为一种被称为"组合爆炸"的现象。为了说明这个问题，让我们考虑一下象棋游戏里的白棋，在我们走了第一步之后，棋盘上的局势会有 16 种可能的状态。一旦我们的对手完成了第 7 步之后，就有近

1100 万个可能的状态了。想要找到获胜的途径需要一些脑力，不仅需要在大脑里存储所有可能的局势，而且需要以高效的方式把它们回忆出来。这就是人工智能进入我们视野的地方。

例子中所涉及的数字也许令人印象深刻，但尽管人工智能有助于我们更好地理解这些游戏，它们在这些游戏中的应用却并不是关于游戏本身。创建人工智能的过程中生产的周边产品要重要得多：人工智能的理论框架被重新检验或创造出来；更快、更高效的专用硬件被设计和制造出来。这个过程可能会让我们更接近于创建可以综合解决"间接目标，确定性环境"问题的人工智能或 AGI 型人工智能。

处于这类研究的"最前沿"以及对人工智能研究最充分的，是位于伦敦的 DeepMind 公司。该公司成立于 2010 年，并于 2014 年被谷歌收购，但谷歌决定维持其独立性。其网站主页上的宣言是："解决智能问题，用它来让世界变得更美好。"公司所陈述的任务就是公司的业务，但其实其意图更加深远。表明其雄心壮志的是公司设计生产的"微分神经计算机"（DNC），即：

"一种称为 DNC 的机器学习模型，它由可以读取和写入外部存储器矩阵的神经网络组成，类似于传统计算机中的随机存储器。像传统计算机一样，它可以使用其内存来表示和操纵复杂的数据结构；但像人类的神经网络一样，它也可以从数据中学习。在接受过学习训练后，我们证明了 DNC 可以成功地回答用于模拟自然语言的演绎和推理的综合问题。"

这是一个改变游戏规则的设计。DNC 是神经网络的扩展，但它能够解决更复杂的问题，因为它的"知识"不仅限于神经网络节点中包含的内容。这项研究对人工智能研究形成的突破到底有多大尚存在争议，但"DeepMind"所赢得的荣誉是实至名归的。

到 2017 年年底，出现了一大拨类似的文章，宣称"DeepMind 人工智能只需要四个小时的自我训练就能成为国际象棋霸主""AlphaZero 的外星人国际象棋展示了人工智能的优势和特性"。在这波令人瞠目结舌的发声中，最重要的是 DeepMind 团队自己的声明。此声明可以在论文《通过自我发挥的强化学习算法掌握国际象棋和将棋》的摘要中找到：

"在本文中，我们将这种方法概括为 AlphaZero 算法。它可以在许多具有挑战性的领域中实现超人的表现。AlphaZero 从随意的一步棋开始，在没有游戏规则之外的任何专业知识的装备下，在 24 小时内就实现了国际象棋和将棋（日本国际象棋）以及围棋比赛中的超人比赛水平，这一点和 AlphaGo 一样优秀。并且 AlphaZero 每次都令人信服地击败了世界冠军程序。"

换句话说，AlphaZero 在短短 24 小时内就实现了人类的全部潜力，而不仅仅是对领域规则的理解。它可以在已经知道规则的前提下，在游戏中自学"超人"的技能。我们需要意识到这种前沿工作的重要性，并提醒自己：我们仍处于卡尔·本茨的时代——他对他的发明将带来的影响一无所知。

虚拟现实、增强现实与混合现实

其他新兴技术正在开始转变教育：虚拟现实（VR）、增强现实（AR）和混合现实（MR）可以与人工智能结合使用，也可以自行发挥效果。

VR 指计算机生成的现实，它挑战我们对"真实"概念的理解。它能够通过控制用户的感官体验（通常是通过对视觉材料的提供）来创建和维护沉浸式环境。为了强化所呈现的现实，VR 包括"触觉"或动觉交流，后者通常通过一系列有针对性的振动模仿用户的触觉和空间感。穿着者提供反馈的传统手套和套装正在被"空中触觉"所取代。"空中触觉"使用超声波在半空中产生触觉，如布里斯托尔大学的分支机构 Ultrahaptics 生产的此类产品。

总体而言，尽管 VR 的历史几乎与现代计算一样古老，但 VR 是很难去定义的。劳伦斯·曼宁（Laurence Manning）发表于 1933 年的短篇小说《清醒的人》描绘了那些希望用电脉冲取代感官的人。其后在 20 世纪 50 年代，莫顿·海利格（Morton Heilig）开发了一个体验剧院，这是一个沉浸式的、应用多感官技术的早期例子。后来，他在 1962 年的 Sensorama[⊖]试验就是以此为原型的。20 世纪 60 年代后期，伊万·萨瑟兰（Ivan Sutherland）和鲍勃·斯普鲁尔（Bob Sproull）因制作第一款名为"达摩克利斯之剑"的头戴式显示器（HMD）而备受赞誉。

在 20 世纪 90 年代，消费级别的头戴式设备在市场上进行发售，如"Sega VR"和"Virtuality"。今天，大约有 250 家公司开发和提供与 VR 相关的产品，包括谷歌、苹果、亚马逊、微软、索尼和三星。在 2018 年 1 月，Sky 成为第一家宣布将使用 Jaunt XR 平台为客户提供沉浸式体验内容，使电影和电视的观赏体验可以身临其境、随处可看的媒体公司。VR 是现代游戏的基础，旨在让用户拥有尽可能接近现实生活的体验。在教育方面，VR 在培训场景中很受欢迎，因为它可以为各个领域的学员提供风险大为降低的情境来获得经验。在文化领域，大英博物馆和纽约古根海姆博物馆将大部分展示内容转移到了 VR 上，努力使人文和美术教育更栩栩如生，更容易为大众所接受。

AR 提供了由计算机生成的元素覆盖或"增强"的物理世界的视图。我们倾向于认为 AR 是一个中间地带，它依赖物理

⊖ Sensorama 是一种 3D 视频机器。它能让人沉浸于虚拟摩托车上的骑行体验。——译者注

世界的存在，提供虚拟增强功能。这个想法的起源可以追溯到 E. M. 福斯特（E. M. Forster）的科幻短篇小说《机器休止》（*The Machine Stops*，1909），它预测了一个现实感增强的虚拟世界。加拿大投资人斯蒂芬·曼（Steven Mann）于 1999 年提交了一项题为"用于显示文本，图形或图片等信息的隐形眼镜"的专利，也被当前开发人员称为"仿生接触"。

1986 年，"虚拟视网膜显示器"（VRD）由日本的 Kazuo Yoshi—naka 电气公司在日本率先推出，该技术具有与仿生接触相似的概念，但是将"屏幕"直接"增强"到用户的视网膜上。AR 技术在商业领域没有轻而易举地寻找到市场，但致力于此的努力仍然有增无减。谷歌眼镜生产了眼镜形状的光学头戴式显示器，这一显示器配有小型相机和计算机，但仍然没有打开市场，这表明 AR 仍处于起步阶段。

然而，AR 在某些培训领域的应用取得了成功，例如美国军方导航训练、飞行训练和实时通信训练。在医疗保健领域，"VeinViewer"和"AccuVein"等近红外静脉探测器被用于帮助医护人员来寻找静脉。考古学家、建筑师和室内设计师出于同样的原因使用 AR：AR 可帮助他们进行空间的可视化，而且可以同时进行。然而，AR 技术在教育领域的应用还有待大幅提升。这是一个时间问题。由谷歌资助的初创公司"Magic Leap"于 2018 年宣布了 AR 头戴设备的发布日期，承诺该耳机能让用户体验到完全增强的现实。

MR 或混合现实，正如其命名所暗含的那样，是真实和虚拟对象的混合，以创造新的、能实时交互的现实。当前，AR 和 VR 的应用和开发大致相同，AR，VR 和 MR 之间的区别取决于虚拟元素的优先程度。在完全的 VR 环境中，虚拟元素是唯一使用的元素；在 MR 环境中，虚拟元素与真实元素各占一半；而在 AR 环境中，虚拟信息显然只是处在辅助地位。因此，我们可以将这些类别视为存在于"虚拟连续体"中，连续体的一头是完全真实的环境，另一头则是完全虚拟的环境。

可以肯定的是，这些或与人工智能相结合或独立于人工智能的技术，将成为第四次教育革命不可分割的组成部分。正如我们在下一章中将要探讨的那样，这些技术已经为人们在学校和大学的学习机会带来了尝试性的改变。

即将到来的还有什么呢？

我们将用对六个相关的创新的探讨结束本章，这些创新将在不同程度上对第四次革命中的教育产生影响。

1. 超人类主义

我们从一个更为奇异的可能性开始，或者，它真的有这么奇异吗？自从工具在第一次教育革命开始时被首次发现，人类就一直在致力于寻找增强自身的方法。超人类主义是这种追求增强逻辑的极端之一。"超人类主义者认为，我们应该使用先进技术，如药理学、基因工程学、控制论和纳米技术，从根本上增强人类。换句话说，我们应该努力创造新型人类——也被称为'后人类'——与我们相比，他们的表现得到了显著改善。"马克·沃克如是写道。

托比·沃尔什在他关于人工智能的书中推测说，到2050年，在我们过世之后，会普遍留下一个AI聊天机器人："它会像你一样说话……它会在你死后安慰你的家人。"这个说法立即引发几个问题，问题之一是什么构成了我们的进步？我们可能会回答，那些更快乐、更有道德、更长寿、更"聪明"的人是人类进步的证据。我们可以很容易地想象药物可以永久改善我们的情绪，而不会对认知产生负面影响；或药物可以自然去掉我们基因中的抑郁倾向并延长我们的寿命。医学的进步已经使人类的平均寿命有了显著的增长——通过降低婴儿死亡率，我们在疾病杀死我们之前可以活得更久。想象一下，假设这一切成为可能，假设我们甚至选择生活数百年甚至数千年，将会发生什么。毕竟我们的身体已经得到极大改善了。

新技术使人体的修复和改进更加稳固。人造假肢，即用于替换身体缺失部位的假肢，是埃及人开创的，并从那时起一直在被使用。由于新技术和医学的进步以及两次世界大战的需要，其精细程度在20世纪得到了迅速发展。在英国，斯托克·曼德维尔医院成为第二次世界大战期间的专业康复医院：

正是因为该医院认为装了假肢的人也可以参加体育比赛，使得第一届残奥会于 1960 年在罗马举行。1945 年后，总部设在首都华盛顿的美国国家科学学院开始推进更好的研究和开发，以帮助那些肢体残缺的人在生活上享受到更多的便利。

人体转变的这些方式并没有引起人们任何的惊愕，残障人士和疾病患者通过恢复移动性和幸福感获得帮助；慢性疼痛和局限于方寸之地的痛苦已经成为过去。没有人认为这会威胁到了我们的自我认同感。在这些例子中，人造物体对人体的侵入被视为正常身体的辅助。我们可以从这个角度来看待通过人工智能增强的腿部和手臂假肢。"人工智能是在结构和功能上帮助我们的身体，而不是挑战它。"

但是当我们把目光转向通过人工智能增强的耳朵、眼睛或我们的大脑时会发生什么呢？人工智能狂热分子已经将 RFID 芯片植入他们的身体以打开车门或房门。"人工智能在部分失明患者恢复视力方面确实取得了一些进展。"南非心脏外科医生克里斯琴·巴纳德（Christiaan Barnard）在 1967 年进行了第一次人类心脏移植手术，随之而来的是狂热的道德辩论。这个举动究竟越过了哪条底线？超人类主义如何在我们的未来实际发挥作用？这些很难预测。我们显然需要许多以纯粹的形式来改善人类生活的技术，而超越达尔文进化论的技术也已经存在。仍有待观察的是，我们将如何调整人工智能技术以造福人类。这将是我们的衡量标准：对全人类有益，而不仅仅是对精英人士和权贵阶层，不仅仅是对大型科技公司有益。必须是对大家都有益。

2. 机器人

机器人已经诞生了很长一段时间，并且在许多人的眼中就是人工智能的代名词，但这种想法是错误的。在第四次教育革命的课堂上和教室里，我们对机器人是否要占据中心地位持谨慎态度，因为机器人可能总是比人类更麻烦、更笨拙。也许人们对机器人的普遍看法归功于英国广播公司的《神秘博士》中的达利克博士，美国福克斯公司的电影《地球停转之日》中的机器人高特，或者《禁忌星球》中的罗比。或许这些虚构作品的创造者当时回应了人类心灵的需要。但这些虚构人物都要至少追溯到50年以前，而世界在持续前进。

当机器人在20世纪五六十年代被引进工厂时，它们承担的是静态的、重复的、简单的任务。但是，一旦他们走出车间，"他们便无法应对不可预测性所导致的混乱以及人类互动的模糊性"，英国广播公司科学记者帕莱博·戈什（Pallab Ghosh）这样表示。亚马逊仅在2017年就增加了75 000名机器人员工，并削减了24 000名人类员工。我们是否处于变革的边缘？诺尔·沙吉（Noel Sharkey）相信如此，他说"服务机器人"正变得司空见惯。

"这些是在工厂外工作的机器人，其工作范围从医疗保健到照顾儿童和老人，从烹饪和准备食物到制作和供应鸡尾酒，从家庭清洁到种植和饲养家禽，从武装冲突中的警务、安全和杀戮到监测和修复气候变化带来的破坏，从机器人手术到人机亲密关系，再到保护濒危物种。"

沙基应该知道自己在说什么，作为谢菲尔德大学人工智能的退休教授和国际机器人军备控制委员会的主席，他引领了这个领域。机器人可能正如他所说的那样，在未来会非常多才多艺，即使其功能依然是以机械为主。也许我们最乐观的希望是，机器人能够在清理我们的海洋、河流和湖泊、城市和村庄、空气和野生地区，以及人类制造的垃圾和污染方面发挥决定性作用。事实上，人工智能机器人已经在帮助我们了。

得克萨斯大学的研究人员正在尝试为机器人加入人工智能技术，以探索机器人能够在多大程度上模仿人类行为，让他们理解人类语言仅仅是其中一个挑战。"问题是机器人必须能够处理人们带入环境的各种变数、噪声以及不可预测性，因此我们必须考虑他们的感知力、控制力和学习能力。"得克萨斯大学的安德里亚·托马兹（Andrea Thomaz）如是说。正如她承认的那样，这很难实现。更雄心勃勃的想法是让机器人去踢足球——这是"机械战警"组织国际化倡议的一部分，其目标是建立一支能够在 2050 年之前击败男子世界杯冠军的球队。计算机可以在国际象棋和围棋中获胜，那为什么不试试足球呢？机器人会吐痰并要求巨额薪水吗？它们会超过梅西和罗纳尔多的实力吗？我们想看机器人运动吗？

机器人在教育方面会怎样呢？与普通人工智能一样，教育领域是大量关于机器人的文学主题中的灰姑娘，是最不被重视的一个。它很少被提及。我们仍然对它在教学中的重大需求或作用持怀疑态度。正如沙基所写的那样："展望未来，我们将看到许多机器人可以协助人类完成护理任务。但我们必须小心，真正的护理行为只能由人类执行。"在此我们看到一个未来将如何展开的线索，一个我们将在后面章节中探讨的话题。

3. 语音和面部识别

语音和人脸识别是有望改变教育的更先进的技术。语音识别工作始于 20 世纪 50 年代，但最初仅限于单个扬声器系统，其词汇量大约为 10 个单词。直到 20 世纪 80 年代后期，语音识别产品开始出现在市场上，包括 Dragon Dictate 以及 1992 年 AT&T 公司推出的语音识别核心处理服务。后者能够在没有人类干预的情况下进行电话呼叫。这项技术可以被广泛应用在经济、国防和安全领域，21 世纪早期，美国国防高级研究计划局（DARPA）和国家安全局就已经大量参与了这项技术的开发。2007 年，谷歌首次涉足语音识别，其他公司也纷纷效仿。在过去十年中，一种被称为"长短期记忆"（LSTM）的深度学习方法促进了语音识别技术的巨大进步，使之轻而易举地超越了传统的语音识别。

　　一个判断语音识别如何在学校和大学中发挥作用的方法是检查语音虚拟助理（语音控制的个人助理）的进展。苹果产品的虚拟助手"Siri"于2010年被这家科技巨头收购，并且自2011年以来一直是iPhone的标准配置。谷歌和微软紧随其后，开始使用自家生产的、依靠语音识别的个人助理技术，亚马逊随后加入，其语音助手称为"Echo"，Facebook的虚拟助手称为"M"。我们仍然处于私人助理的早期阶段，而位于加利福尼亚州的Viv人工智能公司开发的"Viv"是更复杂的项目之一。Viv公司首席执行官达戈·凯特劳斯（Dag Kittlaus）表示，该系统将能够执行数千项任务，而且该系统不仅能安装于手机上，而且可以被用于从汽车到冰箱的各种设备中。他预想了该技术的快速发展："如果你有一个比当前的私人助理工作能力强出10 000倍的系统，会发生什么……它将改变互联网经济"。不久之后，我们将拥有"像知识最渊博的酒店接待员"的个人助理。在教育领域，"管理员"就是指老师和讲师，"酒店"就是指学校和大学。

　　面部识别技术使我们向前迈进了一步。正如面部识别技术的早期开拓者之一伍迪·布莱德索（Woody Bledsoe）在50年前所指出的那样，"头部旋转和倾斜，照明强度和角度，面部表情、皮肤老化等这些变化，使得面部识别变得很困难……特别是同一个人头部旋转角度不同的两张照片之间的相关性是非常低的"。面部识别技术最早的研究可以追溯到20世纪60年代，斯坦福大学引领了其早期的发展。

过去十年中，面部识别技术再次得到迅速发展，部分原因在于它为国家安全和企业收益所提供的支持。面部识别技术已被用于解锁智能手机上的主屏幕。美国的教堂利用面部识别来跟踪信徒做礼拜的情况，英国零售商用面部识别技术来辨认那些有偷窃前科的人。在俄罗斯，一款名为 Find Face 的应用程序将陌生人的照片与他们在社交网络 VKontakte 上的图片进行比照，准确率达到70%。不久之后，我们将能够仅通过看一眼摄像头，就可以为我们购买的商品付款，或进入包括学校和大学在内的限制区域。

该技术的一个黑暗面是企业和政府可以使用它来检测出那些他们不喜欢的人。斯坦福大学的研究人员已经证明，面部识别技术识别人类性取向的正确率高达81%，而人类做出此类判断的平均水平只有61%。谷歌声称，由于担心被滥用，他们拒绝用人脸识别技术来断定个人身份，但其他公司，包括微软和亚马逊，正在继续使用他们的云服务来开发面部识别技术。

该技术在教育方面具有相当大的潜力，其复杂的技术已经开始用于识别和解释人类的情感以及了解学生何时感到惊讶、困惑、兴奋或无聊等。对于学校和大学在早期诊断学生的问题以及人工智能"老师"来说，这将具有相当大的价值。

在瑞典，皮帽机器人公司（Furhat Robotics）正在开发社交机器人，它不仅可以识别面部，还可以描绘出带有复杂情感的面部特征。在屏幕上描绘出的人脸最后可以出现在全息图上。该公司的创始人萨默尔·Al.毛贝德（Samer Al Moubayed）说：“我们试图抓住点头、眨眼、凝视等微妙的动作，这样我们就可以与电脑进行更丰富的对话。”该公司已经与伦敦大都会警察局关于如何用他们的技术培训警官展开了对话，具体说来，该技术可以帮助警官去发现和审讯潜在的嫌疑人。通过语音和面部识别技术，第四次教育革命时代的个性化特征发生了巨大的变化。

4. 量子计算

物理学家理查德·费曼在 20 世纪 70 年代预测到了量子计算的出现。有些人仍然在怀疑量子计算能否在商业上发挥作用，但谷歌早在 2018 年就宣称它正处于展示“量子至上”的边缘，意思是他们能够利用这项技术来解决功能有限的传统计算机永远也解决不了的问题。量子技术可以同时解决数千个复杂问题，因为“量子比特”或量子组件可以利用亚原子粒子的能力在多个可能状态下的叠加。“我们期望在未来 5 年内对量子计算进行商业上的、有价值的使用……在未来的 10 ~ 15 年内，每个主要组织都将使用这项技术。”加州 Rigetti 计算机（Rigetti Computing）公司的马达夫·赞台（Madhav Thattai）

在 2018 年如此说道。得克萨斯大学计算机科学的教授斯科特·阿伦森（Scott Aaronson）也认为量子计算的潜力巨大，"不仅可以用于设计新型药物、软件和金融分析工具，还可以用于新材料、超导体和光伏（太阳能技术）的开发。"再次，在这些关于新技术的预言中，我们没有见到其在教育领域的应用，但在未来 10 年内，技术的发展速度和复杂性将会帮助机器更精确地了解学生个体及其个性化的学习需求。技术投资人彼得·瑞德（Peter Reed）认为量子计算在教育领域具有变革性的力量，就像在其他领域一样。"传统计算机像我们一样解决问题。量子计算机像神医一样解决问题"。

5. 云计算和协同工作

我们的学校、大学和我们的世界正在被云计算和"协同工作"所改变。提供存储、处理和服务资源的共享访问的云计算甚至比 20 世纪 80 年代到来的互联网还要早。在 20 世纪 90 年代，"云计算"这一术语便开始在更广泛的范围内出现，但是亚马逊在 2006 年发布其高度灵活的"弹性计算云"后，该术语才变得流行起来。领先的计算机科学家沙赫拉姆·达斯达（Schahram Dustdar）在谈到关于这项技术的重要性时提到：

"在过去几年中，云计算已经改变了个人和企业的 IT 环境——从我们访问、存储和共享信息的方式到我们沟通、协作和处理数据的方式。这导致了前所未有的研发水平，并催生了众多学术和行业会议。"

一个全新的世界已经开放。广播工程师娜奥米·克兰姆（Naomi Climer）对这个世界的描绘很巧妙，他说："你可以在巴黎或开罗接收你的电子邮件，你可以在芝加哥或东京工作，但随时与总部保持联系，并在休息时观看 Netflix。"对于教师、学者和研究人员，云计算带来的影响是难以描绘的。我们生活的世界再次被永远改变了。

在云计算的基础上发展而来的"协同学习"也是如此。简而言之，它允许个人在地球上的任何地方实时"相遇"。我们已经习惯了今天电话会议的原始技术，包括繁杂的停止-开始、过度谈话和令人尴尬的停顿。协作技术将使我们摆脱像"太空侵略者"般简单的早期游戏世界，一跃进入相当于最新电脑游戏的复杂的通信世界。它正在改变慕课（MOOC）、全球学校之间的交流、大学之间的合作和国际研究项目。

6. 物联网和大数据

互联网将人们联系在一起。它还允许无生命的物体连接，即所谓的物联网。有数据表明，2018 年约有 40 亿人在使用互联网，但到 2021 年将有大约 500 亿个"事物"连接起来。即使对于数字世界而言，变化也是飞速的。早在 2013 年，一项针对大数据的评估就称："谷歌每天的查询量超过 10 亿次，Twitter 每天发送超过 2.5 亿条推文，Facebook 每天有超过 8 亿次更新，YouTube 每天有超过 40 亿次观看。现在生成的数据按照泽字节的顺序估算，每年的增长幅度约为 40%。"当你阅读到这本书的这几行时，谁知道那时候的数字会变成什么样呢。正如领先的人工智能哲学家玛格丽特·博登（Margaret Boden）令人印象深刻的表达一样："未来不会是老大哥看着你，而是一万亿个小兄弟看着你，而且他们之间的交谈永不停歇。"

物联网有助于我们以一种当今仍无法完全达到或利用的规模来收集大数据，因为数量因素可能会妨碍我们从不可靠的证据中做出筛选并形成可靠的结论。我们过去也有大量的数据，正如奈杰尔·沙德博尔特之前所述，但直到最近的云存储和计算能力才能让我们分析海量的信息，并去从中学习。我们已经可以看到这些技术在教育领域中出现的早期趋势和用途。

我们将看到类似于智能城市的"智能学校"和"智能大学"的发展，智能城市正在努力连接目前独立的在线服务，包括交通、医院、警察、垃圾收集和社会关怀。智能城市包括英国的布里斯托尔和格拉斯哥，以及美国的旧金山，这些城市都有传感器来指导视障人士。智能学校和大学将确保学习资源以及食物的交付得到最大限度的优化，学生和员工的人身安全有保障，学校的温度和湿度得到优化，环境保持清洁，IT 系统永远不会出错。嗯，也许会如此。

物联网将协助 VR，AR 和 MR 向学生提供更有效的学习方式，它将为这些应用程序带来来自全球的最新研究和信息，确保学生永远不会落后于时代，无论他们在哪个地方，都可以获得技术和连接许可。正如克莱默所写的那样："VR 和 AR 仍然相对年轻，但他们成为日常教育的潜力……是巨大的。"

物联网也将增强学生和员工的福祉。身体传感器将监测我们的身体、心理和情绪健康，提供问题的早期预警，并帮助我们更好地监控自己。英国的教育技术公司"StuComm"是已经将传感器网络与现有大学资源加以整合的公司之一，其技术通过观察学生独自在自己房间的时间长短，或通过其他健康指标，可以识别出患有抑郁症的学生。学生可以了解学校或校园内的哪些活动和地方是最适合自己的健康和学习状况的。物联网将改变一切事物。

我们仍然生活在一个旧的时代中，相当于汽车发展史中的1886 年，但变化已经到来。我们将在下一章讨论当第三次教育革命结束时，人工智能对我们的学校和大学所产生的影响。

第 6 章

人工智能在英美国家的发展

当下人工智能的发展现状

人工智能技术的迅速崛起让人措手不及。就未来的教育而言，我们不知道它是会因此变得更好，还是会被科技的巨轮压垮。我们很难看清人工智能技术革命的未来发展图景。亚马逊（Amazon）、苹果（Apple）、脸书（Facebook）、谷歌（Google）和微软（Microsoft）都在研究人工智能，中国的企业也正在崛起，他们也在挖掘这方面的技术。因为人工智能，我们做事变得更高效、更私人化，也更安全可靠，这在之前都是很难实现的。如今，科技巨头们正进行着一场激烈的角逐赛，意图垄断人工智能资源，甩掉别的竞争对手。规模较小的科技公司也在想方设法地超越巨头，赢得小众市场。可以说，这是一场硝烟弥漫的战役。

需要注意的是，人工智能所应用的领域大都不以技术为核心。从细分肿瘤到追踪金融诈骗分子，再到在恐怖袭击和在自然灾害中搜寻幸存者，人工智能均得到了广泛应用。原因很简单：人工智能可以不断通过适应新刺激来调整行动，从而强化人类的感受，或是降低行为的风险。正如国际学生评估方案（PISA）的负责人安德烈亚斯·施莱歇尔（Andreas Schleicher）所言："我们的教育体系在工业时代是很有效的，但现在计算机总是比人类快，我们需要一个新的教育愿景。"教育不该在人工智能应用这一领域落后太久。

教育技术的早期历史

从第三次教育革命初期开始，印刷的书籍和文章就成了学校的常备物。为了方便学生学习，老师们站在教室前面，用粉笔在大黑板上写字（20世纪后期，黑板逐渐被白板替代），学生们则在石板上做笔记。后来，随着纸张制作成本的降低，石板就换成了"练习本"。

20世纪初，教育领域引入机械技术，有了基士得耶（Gestetner）一类的复印机，和可以复制学习材料的钢网设备。第一次世界大战、第二次世界大战时期，逐渐发展起来的电影技术也被用于士兵的指导和训练。20世纪50年代，课堂引入幻灯片放映机。20世纪60年代，电脑也开始出现在学校里。

20世纪60年代末，英国首相哈罗德·威尔逊为了在当时的大多数家庭中普及电视，在英国创立了开放大学（The Open University）。詹姆斯·雷德蒙德（James Redmond）也是该领域一位举足轻重的人物。他曾在夜校就读，对成人教育很有热情。是他解决了技术上的难题，让电视得以在英国全国播放教学节目。认知心理学家安迪·库珀（Aldwyn Cooper）曾提到过，美国斯坦福大学在1967年成立计算机课程公司（Computer Curriculum Corporation）是为了给学生提供个性化教学。而由控制数据公司（Control Data Corporation）开发的Plato系统，则想依靠技术实现教师的角色转型，他们从20世纪60年代到2006年一直在做这件事。

20世纪70年代，计算机对教育领域产生了很大的影响，尤其是80年代中期。1997年，美国引进"智能版"。这种"智能版"是由交互式白板、计算机、投影仪和一个软件组成的，教师可以用手或电子笔在白板上移动资料。这项技术造价很高，大多数学校都花了好几年才在教室里普及了这项技术。很多人都质疑在这方面花费数百万美元到底值不值得，尤其是小学。操作更简单的数据和视频投影仪则是从20世纪90年代开始广泛应用于教学领域的，老师可以把在纸面上写的内容展示在电子版上，供全班同学看，也可以把平板和笔记本电脑上的视频或材料投射到屏幕上。这比让教师在便携式电视上放视频好多了，20世纪80年代和90年代的学生都是这么过来的。因为电视的屏幕很小，学生们常常只是被动地观察和学习，所以效果一直不尽如人意。这些技术都提高了教师的教学能力，让他们的教学方式更现代、更具吸引力、更省时，也更积极。但从本质上来说，他们仍属于第三种教育模式，都是老师在前面讲，学生同步进行课堂学习。

人工智能诞生之前：回溯到 2012 年

我是从 2012 年开始对学校和高等教育的数字化感兴趣的，当时我应邀在唐宁大街 10 号首相府举办的一个研讨会做演讲，主题就是数字化。我设想的是把英国的 13 年"中小学之旅"分成两部分，别的国家的 12 年教育也可以这样分。也就是要求教育的"硬核"高于中心线，而"软核"或"宽核"低于中心线。这条线本身就反映了学校的 13 年教育。同样，我为高等教育也设计了一个"大学之旅"。从预科到毕业，"硬核"领域，也就是学术领域，要高于中心线，"宽核"则不必。

我的任务就是找寻数字技术已经渗透的领域，并预测人工智能未来的发展趋势。2012 年已经深受数字化影响的领域，在下图两个图表中用深灰色阴影的矩形框表示；影响不大但很显著的领域用浅灰色的阴影表示；影响很小甚至没有的，用白色表示。椭圆曲线预测的是数字化对时下热门的机构管理和内外部通信产生的影响。

1. "中小学之旅"

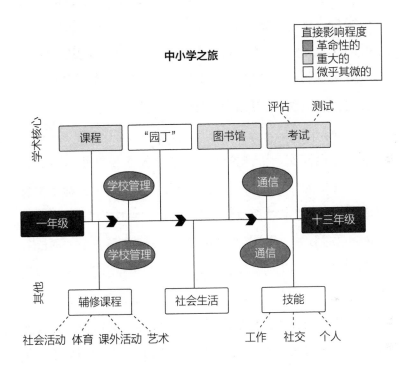

中小学之旅

直接影响程度
■ 革命性的
▨ 重大的
□ 微乎其微的

课程是全世界所有学校的重心。中小学期间，学校一直在培养学生独立学习的能力。这一能力也将在最后两年大大提升。但其实，中小学最重要的是老师对学生的提问，所以"课程"框是呈浅灰色的。因为在智能板和其他技术普及之后，技术对教学就没什么影响了。教育领域更新技术的速度常常被人诟病；教育领域的首席技术思想家斯蒂芬·赫佩尔（Stephen Heppell）曾说："教师其实并不善于提问。就比如说，他们会问差生更简单的问题，这就是种'自我欺骗式的成功'。人工智能会推动他们，让他们更好地参与进来。"老师经常断言技术会彻底改变教学，但其实不是。讽刺的是，许多学校都没有引进哈克尼斯圆桌教学法。这种教学法最初是由美国菲利普斯·埃克塞特学院提出的，它更注重学生的讨论而不是老师的说教，非常适合"翻转"课堂。

当学校过分强调考试成绩时，就可能会忽视对学生精神上的关怀，但其实，精神关怀对每个学校来说都很重要。从2012 年看，数字化对这一块没什么影响。面对面的师生关系在精神关怀中仍占主要地位。因此，这一块的矩形框仍然是白色的。"图书馆"是学校生活中高于中心线的第三个"硬核"，虽然它在学生的生活发挥的作用并没有校长和学校图书管理员预想的那样大。这一块是浅灰色的，因为书籍和杂志如今大多还是纸质版的，数字化的并不多。2011 年，我们在惠灵顿学院开设了英国第一所"无书"的（数字的）学校图书馆，并把藏书量从 6 万册减到了不到 1 万册，希望能通过鼓励学生在线研究和阅读材料来激发其自主阅读和研究的兴趣，从而为大学生活做准备。图书馆数字化之后，人们对实体书的需求就主要是趣味阅读和核心教材阅读了。这一转变引发了群众的强烈抗议，这也是意料之中的，抗议者声称它宣告了阅读的"死亡"。但这只是那些墨守成规的人普遍存在的一种误解，他们认为只有看纸质书才叫阅读。学校对学生数字化阅读习惯的培养一直很缓慢，这不仅仅是资金的问题。2012 年以来，很多学校新建的图书馆都设有大量空间来摆放书架，但大部分都是不必要的。

考试是高于中心线的最后一个"硬核"，也是浅灰色的，数字化对它基本没什么影响。考试用的还是纸质试卷，答案依旧是用钢笔或铅笔填写。学生坐在学校的大礼堂里，由懒散的监考人员监督着。20 世纪中叶开始使用的多项选择题将数字化技术最大限度地运用到了评估系统中。但除此之外，就很少有其他的技术被引入其中了。

学校管理这一块的矩形框是深灰色的，因为 2012 年之前，计算机和数字化对它已经造成了很大影响，尤其是 1984 年引入 "SIMS" 学校管理信息系统之后。这一系统改变了学校的数据处理方式，而这正是所有学校运转的核心。数字化的应用变得越来越复杂，但本质仍然是为了节省员工时间和提高效率，而不是探寻全新的模式。20 世纪 80 年代这 10 年，我们听到学术研究人员开始使用 ICT（信息和通信技术）这一术语。由于这一技术的普及，学校的内部通信也发生着变化（因此呈深灰色）。电子邮件的使用则可以追溯到 20 世纪 60 年代。自从 1995 年对互联网上商业通信的限制解除后，学校的数量便迅速增加。20 世纪 90 年代中期，手机开始在学校普及。信息通信技术使学校内部和学校之间、家长和外部机构之间的交流更加迅速，也更高效，但在节省人事管理经费上并没有达到预期的效果。

截止到 2012 年，数字化对学校中心线以下的三个"宽核"领域几乎没造成什么影响，也可以说是没有影响。对很多学校来说，课外活动的重要性并不亚于课程本身。体育和艺术就是两项最主要的课外活动，计算机可以协助参与这些活动的管理。但实际上，无论是个人的还是团体的运动，无论是玩音乐、表演戏剧舞蹈，还是参加俱乐部和社团，还包括徒步旅行和周末帐篷旅行这些户外活动，几乎都没有受到数字化的影响。

社会生活对学校教育和孩子的情感发展尤为重要。但除了社交媒体，也没有什么数字技术对这一块有所影响，因此呈白色。社交媒体最早可以追溯到高级研究计划署网络（阿帕网，ARPANET）。该网是 1969 年作为军事通信网络首次上线的，为商业领域提供了新的通信方式。1978 年，公告板系统（BBS）上线，在 20 世纪 80 年代的学生中风靡一时。

2. "大学之旅"

20世纪90年代中期，互联网拓宽了年轻人对社交媒体的接触。2002年3月，友人网（Friendster）上市，紧接着第二年，领英网（Linkedln）和我的空间（MySpace）也相继上市。脸书（Facebook）是2004年2月上线的，贝博网（Bebo）是2005年，"谷歌＋"则是2011年，这些网站有的经营得风生水起，有的也就无人问津了。最后，"技能"在数字化进程中也发挥了很大的作用，尤其是就业所需的技能，从一定程度上说，还包括社交和个人技能。了解数字化对就业的影响，以及它的许多实用功能，对学生学习生活技能这块也很重要。

截止到2012年，数字化对大学的影响远远超过了中小学。"讲座"（lecture，源自法语，意为阅读）从一开始就是大学教育的核心；在欧洲中世纪的大学里，讲师会向一群学生大声朗读自己备好的讲稿，让学生做笔记。早期的讲座主要是老师给学生提供文本资料，随后就演变成了老师给学生做总结，再然后就成了老师向学生灌输自己的理解。尽管700多年来，这种被动学习的单向灌输式教育曾多次受到批评，但老师站在讲台上念讲稿的教学方式并未有所改变。20世纪60年代白板和"投影仪"的出现，在一定程度上改善了教学效果，但并没有从本质上改变这种单向的惰性教育模式。微软1987年推出的PowerPoint也是如此，虽然它的软件市场份额已经超过了

90%，但在帮助老师提高教学水平这块几乎没什么用。

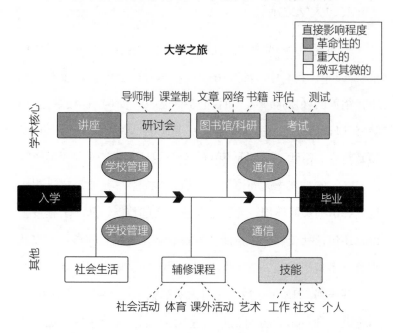

大学之旅

20 世纪 80 年代初，演讲这种教学方式常常为人所诟病。当时流行一则讽刺笑话，说的是一位讲师在一届届的学生面前演讲备好的稿子，后来他厌烦了，就决定在新学年换一种方式，在讲台上放了一个录音机播放自己的演讲。一周后，他窘迫地发现上课的教室空无一人，而学生课桌上摆放着一堆磁带录音机，都被调成了"录音"模式。故事当然是虚构的，却道出了讲座形式的固有局限性。其中最重要的就是，学生不能在课堂上停下来仔细思考那些难以消化理解的知识点。讲课的速度受制于讲师和死板的教学模式。全世界的学生都在说：

"我们已经能读懂书本或文章里×××了，为什么还要听讲座呢？"一位真正有灵感的学者能让演讲变得很生动，但又有多少人能做到呢？回想起来，我参加过许多不错的讲座，但真正精彩的只有一个，就是1972年历史学家泰莱（AJP Taylor）在一次学校会议上做的演讲，那时候我还没上大学。在牛津大学，我没听过什么动人的演讲。在伦敦经济学院也没听过。我都试过了。

在"在线讲座"和"翻转课堂"还没出现的时候，有关这一想法的书籍就已经流行很多年了，它从根本上发起了对传统教学的挑战。其中最关键的就是艾莉森·金（Alison King）1993年出版的《舞台上的圣人》（*From Sage on The Stage to Guide on The Side*），书中建议，课堂或讲座应该花更多的时间来帮助学生理解，而不只是被动地灌输。1997年，哈佛大学心理学家埃里克·马祖尔（Eric Mazur）出版了《同侪指导：用户手册》（*Peer Instruction：A User's Manual*），其中特别提倡将课外的知识学习转到课内，把课堂时间主要花在吸收和辩论上，也就是"翻转课堂"。

另一个关键时间点是2006年，那一年美国教育家萨尔曼·可汗（Salman Khan）成立了可汗学院（Khan Academy）。因为这位才华横溢、天赋异禀的科学老师发现自己常常被家里人盘问学术问题，而他又总是在重复相同的回答，所以就将这些话录成视频发到了网上，随后又放在了YouTube上。2007

年，美国 Panopto 公司成立，成为卡内基梅隆大学的一个分支机构。经过短短一年的运营，该公司就为学生提供了 10 万场在线讲座。2009 年，公司与 Moodle 的开源项目合作，将自己的讲座软件推广到了全球。

虽然自那以后，大学课程的网络与远程教育的普及速度快得惊人，但发展并不是一帆风顺的：2010 年到 2016 年，开放大学的学生人数从 21 万下降至 12.5 万，减少了一半。但到了 2018 年，英国约 25% 的大学课程都已经实现了在线授课。据 KeyPath 教育公司的 CEO 拉杰·奈克（Rajay Naik）估计，未来 5 年内，英美在线课程的比例将超过 50%。阿斯顿大学也已经与 KeyPath 教育展开合作，推出了阿斯顿在线研究生课程。副校长海伦·希格森（Helen Higson）是该领域的一位领军人物，她在回顾 2017 年时写道："可笑的是，我发现在线课程比线下课程更个性化；想学什么学什么，想什么时候学什么时候学。"在线授课有力地促进了课堂的"翻转"，不过，只要开设讲堂还是为了集体学习，而不是为了小组讨论方便，课堂上主动学习的机会就不会有很多。

到 2012 年，各大学的"研讨会"都已经发生了不同程度的转变，因此呈现浅灰色，尤其是引入大规模在线公开课——慕课之后。首次使用这个词是在 2008 年，当时曼尼托巴大学开设了一门名为"连接主义和连接知识"（Connectivism and Connective Knowledge）的课程，在网上招收了 2000 多名学生。

"慕课"的理念可以追溯到19世纪90年代"函授课程"的远程学习，后来逐渐演变成通过广播和电视进行远程学习。数字化让世界各地的学子可以通过摄像头和录音机在同一时间、同一论坛上进行交互式学习。2011年，斯坦福大学一共开设了三门"慕课"课程。第一门就是由塞巴斯蒂安·特伦（Sebastian Thrun）讲授的《人工智能导论》，一共招收了16万名学生。《纽约时报》称2012年为"慕课之年"，年度三大品牌分别是Coursera、Udacity和edX。2013年，时任培生集团总裁、现任英国学生办公室（Office for Students）主任的迈克尔·巴伯（Michael Barber）表示，如果不跟进新技术，中等院校很可能会被合并或是倒闭。

激动人心的时期过去后，人们最初的热情就消散了，剩下的只是对慕课的担忧。慕课的结课率还不到10%，这极大地挫伤了我们的士气。2014年，宾夕法尼亚大学的罗伯特·泽姆斯基（Robert Zemsky）发表了一篇论文，题目颇具讽刺意味——《这里有慕课，那里有慕课，到处都有慕课》。里面写道："慕课来了，还没取得什么成就，前景就已经令人担忧了"。西雅图太平洋大学的若林·莫（Rolin Moe）在2018年初曾严厉谴责说："虽然大多数慕课教授都很认真，但事实证明，开发、实施和评估在线课程就是在浪费时间。"这种教学模式存在着很多固有问题，比如依赖学生的自我约束能力、教师与数量庞大的学生之间难以互动，尤其是弱势群体缺乏数字素养以及语言障碍等，这些问题都需要得到有效解决。但是，随着技术的飞速发展，"慕课"最终一定会彻底改变高等教育环境。

"图书馆"在本科生和研究生的生活中所占的比重远远大于中小学生。大学里的学生年龄更大，也更独立，他们的学习很大部分都是在图书馆里独立完成的。但到了2012年，数字化已经转变了他们的研究方式。许多学术期刊、报纸和书籍都实现了在线浏览。学生不再需要浪费时间去图书馆订阅书籍或文章来查阅自己所需要的资料。慢慢地，通过搜索引擎，学生们敲敲电脑键盘就可以搜到任何需要的信息，图书馆也成了他们安静学习和体验社交氛围的地方。

相比于中小学，大学"考试体制"的变化也更为明显。学生写作业更多是在网上进行，通过邮件发给老师，但考试仍然采用的是现场监考的方式。和中小学一样，到2012年，大学管理沟通的方方面面都受到了数字化影响，发生了革命性的变化。英国的珍妮特网络（Janet Network）原是将大学和学院放在一起做互联网产品，从2003年开始，中小学也被考虑了进去。

"线下"活动，也就是更广泛意义的大学生活，迄今为止几乎没有受到数字化的影响。对许多大学生来说，大学校园生活的多样性比中小学的更重要。除了无处不在的社交媒体，大学生的社交生活几乎没有受到数字化的影响。尽管有很多新的平台，但学生最大的社交满足感还是来源于面对面的交流，因此有报告称，各大学学生的社交活动并没有减少这一点并不奇怪。和中小学一样，大学的课余活动和课外学习技能受数字化的影响也是有限的。他们的区别就在于，大学学生是用数字技术来实现自身利益，而中小学生大都是老师安排的。

2012 年已经过去很久了。在随后的几年里，人工智能将向教育领域发起全面攻势。虽然和当下的未来趋势比起来，它的影响程度还不值一提。

人工智能在教育领域的初探索

人工智能与以往的其他技术有什么本质区别吗？教育技术与人工智能专家亨利·沃伦（Henry Warren）将一本讲教育领域人工智能发展的书称作"硅谷圣经"，这本书能帮我们解释这种差异。1997 年，美国科幻作家尼尔·斯蒂芬森（Neal Stephenson）出版了一部小说《钻石时代：一位年轻女性的绘图本》。故事的主人公是一个出身卑微的小女孩，名叫内尔。14 岁那年，她收到了一本被盗的交互式书籍，《年轻女性的绘图本：初教手册》。这本书原是为一个富人家的小孩准备的，它通过调整课程来不断适应内尔和她的生活环境，最终让她过上了更有意义的生活。这个故事的核心其实就是一个承诺：在未来，无论贫富，技术都将帮助人类实现个性化教育和个性化生活。

在第 2 章中，我们将受过教育的人定义为能够独立思考，能在个人和社会利益之间做出抉择，能充分发挥人类潜力的人。借鉴尼尔·斯蒂芬森的观点，人工智能教育的"圣杯"是一个能根据每位学生的才能和需求打造学习计划的全面教育体系。通过人工智能教育，为他们量身打造学习计划，使他们能达到最佳的受教育程度。

现在我们来看看，这种方法是如何影响我们所谓的十个教学阶段的。

对十个教育阶段的回顾

人工智能对教学的影响

在第 2 章的分析模型大纲里，我们曾将教师和学生的任务进行过细分（见表 6-1）。

表 6-1 教师和学生的任务

教学的五个步骤	学习的五个步骤
1. 材料准备	1. 记忆知识
2. 课堂组织	2. 应用知识
3. 确保所有学生都参与学习	3. 将知识转化为理解
4. 布置和批阅作业	4. 自我评估和诊断
5. 准备期末考试并撰写总结报告	5. 反思与自主学习的发展

我们将教师必须承担的角色和学生接受教育过程中必须履行的责任进行了区分。通过了解学生，了解他们的长处、特质和需求，使学生适应学习的"自适应评估"的尖端技术已经对该领域产生了影响。由于帮助教师教学的技术也为学生提供了帮助，我们将在下面逐一论述人工智能对他们造成的影响。我们应该清楚，迄今为止，许多基于人工智能数据的技术都不曾使用过机器学习。人工智能这个术语被广泛使用，甚至滥用，是有它的商业优势的。

2012 年以来人工智能对教育的影响

1. 材料准备/记忆知识

大学阶段提供给学生的资料通常由学者和系主任协商决定，而中小学阶段的学科任务和内容则是根据政府和外部审查机构的要求统一规定的。大学系主任有责任制订"学习计划"，并对教授的课程进行规划，来完成规定好的教学内容。教师个人也具有一定的灵活性，在课堂或是讲座上，他可以决定自己传道授业的内容和方式。

目前，人工智能技术已经能通过资料推荐来满足学习者的个人需求。通过扫描学生的档案和学习进度，人工智能技术可以为学生提供个性化的学习内容。总部位于伦敦的世纪科技公司（Century Tech）是一家软件供应商，该公司生产的软件可以与 SIMS 学校管理系统相结合，为有特殊教育需求的学生或残疾学生挑选教材。对于主题不清晰或是难以理解的文本，人工智能还能提供修改建议，帮助学生更好地理解原材料与评估结果的关系。2017 年 9 月 20 日，IBM 基金会（IBM Foundation）推出了"教师顾问"（Teacher Advisor）项目，这是对未来的又一个尝试。该项目旨在帮助教师选择最佳的资源和学生，"最终实现个性化学习的承诺"。目前，这项技术已经在美国各地进行了试验，能同时满足教师和学生的需求。用的老师越多，这个项目的目标就越清晰。但在 2018 年，就帮助在校生选择个性化材料这一块来说，这项技术还有很长的路要走。

2. 课堂组织/应用知识

要想让学生的学习达到最佳状态，教师就必须掌握课堂的控制权，明确表示这是由他们负责的，尤其是在更多地采用协商教学法的时候。尽管到目前为止，人工智能在创建个性化音响、灯光、温度和座位表上已经有所应用了，也在一定程度上优化了学习效果，但对教室管理这一块几乎没什么影响。斯蒂芬·赫佩尔的团队设计了一款名为"Learnometer"的产品，融硬件、软件和数据分析为一体，能通过优化学生学习的物理环境，来帮助他们取得更好的成绩。2014 年，谷歌课堂（Google

Classroom）正式上线，但到目前为止，还远远没有达到预期的效果。学生可以通过这款谷歌产品提交电子作业给老师，老师也可以进行线上评估并监督作业进度，给学生以反馈。这仍然是工厂模式，一个教室里坐着一定数量的学生，还有一名老师在讲课，没什么阶段性进展。

人工智能影响更多的是学生自主学习这一块，也就是帮助学生利用已有资源进行知识运用。早在1998年，英国广播公司就推出了面向中小学的在线学习网站"比特塞斯"（Bitesize）。这个网站流行得非常之快。在2018年3月英国广播公司推出新的教育战略时，战略和数字主管詹姆斯·珀内尔（James Purnell）曾说，有80%的学生认为这个网站对他们的考试很有帮助。在英国，约克公爵还设立了数字企业奖来鼓励年轻人学习数字技能，并颁发数字奖章。运营该网站的凯琳萨·詹宁斯（Kerensa Jennings）表示："我们需要让数字学习更多地成为一种'游戏'，而不是'命令'。"它的流行证明这个方法是可行的。

就大学而言，"慕课"的成效可以说是好坏参半。但Coursera、Udacity、edX、英国网站FutureLearn以及提供自己的在线课程的大学网站的慕课用户数量十分庞大。

对慕课来说，目前最大的问题还是在线研讨会很难及时、正确地回答学生的疑问，更何况课堂的学生数量太多，学习能力也千差万别。迄今为止，人工智能课程对慕课的影响微乎其微，这也就意味着慕课网站仍然只能为学生提供"概括性"的指导。因此，佐治亚理工学院教授阿肖克·高尔（Ashok Goel）在 2016 年发布了一款名为"吉尔·沃森"（Jill Watson）的人工智能系统。这个系统以 IBM 的沃森平台作为依托，能帮助解决这一问题。吉尔能回答学生的一些常规疑问，从而为高尔和他的助教腾出更多的时间来回答更难更专业的问题。在依靠人工智能解决慕课规模问题这一块，吉尔·沃森（Jill Watson）可以说是领头人。

"聊天机器人"能帮助学生在无须询问老师的情况下自己寻找答案。这款应用诞生于 1994 年，就相当于当下学生接触的亚马逊的 Alexa、苹果的 Siri、谷歌的 Assistant 等虚拟助手，或是微信和脸书信使（Facebook Messenger）等即时通信应用程序。未来，像吉尔·沃森这类的模拟机器人将会得到广泛应用。据剑桥大学信息学教授左宾·格莱姆尼（Zoubin Ghahramani）预测，到 2025 年，这些虚拟助理将变得"超级智能"，届时，我们与他们的对话将变得更自然，他们会和我们聊一些"优先选择、提醒事项，或是提些聪明的建议"。

3. 确保所有学生都参与学习/将知识转化为理解

科学实践对科学教学来说尤为重要，但往往价格昂贵，难以实现，还存在安全隐患。受飞行模拟器的启发，Labster 和 Oculus Rift 等产品在虚拟现实技术（VR）的基础上开发了虚拟实验室技术，成功替代了课堂实践。亨利·沃伦表示："有的实验就像是让学生在火山边缘探险，非常危险，这时候 VR 技术就帮大忙了。"但在沃伦看来，在教育领域，AR（Augmented Reality，增强现实）将比 VR 有用得多，像 Blippar 这样的公司将虚拟内容叠加到现实世界中，微软（Microsoft）的全息透镜（HoloLens）则采用了 MR 技术（Mixed Reality，混合现实），让幼儿都能在周围的现实世界中接触到数字信息和全息图像。利用耳机，学生就可以在虚拟技术人员的指导下进行实验。经济学家也可以靠它建立一系列金融期货模型。一种新研发的机器人应用程序可以帮助教师运用乐高的 EV3 机器人教授 STEM 课程，这有助于学生更好地理解自己所学的知识。

在辅助小学英语阅读的教学上，人工智能的使用则大不相同。Bug Club 是培生公司开发的一款基于语音的项目，该项目已经生产了约 300 本的纯数字书籍。教师会根据学生的个人情况发放这些书籍，让他们在家里或学校里阅读，这样他们就可以按照自己的节奏进行学习。英国培生公司的总裁罗德·布里斯托（Rod Bristow）认为，这些技术说明"在人工智能和数字技术方面，大学不一定非要领先于中小学"。芬兰的一款产品对教育的传统等级制度发起了挑战，这款产品叫"学生代理"，它能帮助学生向老师展示如何使用这项技术。"在芬兰的一所学校里，他们没有聘请顾问，而是让孩子们教老师如何使用不同的数字设备。"虽然我们已经看到了人工智能对中小学和大学资料展示的影响，但这也只是冰山一角。

4. 布置和批阅作业/自我评估和诊断

"自适应评估"让学生可以在学习的最佳时间进行正确的评估，而不是由提前几个月就确定考试日期的机构或外界代理来决定。计算机自适应测试（CAT）使用迭代算法来适应不同学生的能力水平：如果学生在前面的问题上答得很好，就会出更难的问题。这项技术目前在美国的研究生入学考试中都有所运用。据估计，英国大约有25%的学校已经开始使用不同形式的自适应评估系统。现在已经不是一个对所有人进行"死板"的严格测试的世界了。智能批改还可以消除不同教师们的偏见。阿莫斯·特沃斯基（Amos Tversky）和丹尼尔·卡尼曼（Daniel Kahneman）很久以前就指出了教师们在评估学生时会产生的偏见和不公。而这些偏见和不公，不管老师有没有意识到，都是人工评估模式不可避免的问题。剽窃和抄袭是人工智能可以解决的另一个重要问题。

老师在每堂课或每次研讨会上都会不断地对学生进行评估。一个好的老师会根据全班的整体学习状态和其他环境因素来调整课程计划，为每个学生有针对性地调整学习计划。人工智能能对整个班级进行个性化评估，并准确提供每个学生的学习进度。在这一领域，早期那些运用简单人工智能技术的产品已经上市了。比如说"Reading Eggs"，使用这款产品的学生只有通过了上一级的最终测评才能解锁下一级的课程，而"Skoolbo"这款产品则能帮助老师们更好地了解学生学习的难点。

5. 准备期末考试并撰写总结报告/反思与自主学习的发展

传统教育的最终目的是让学生在课程结束时能顺利通过期末考试。在英国，学生需要参加期末考试和年度考试来为普通中等教育证书考试做准备；而对于16岁以后留校的学生，许多人会参加A级考试和国际学士学位课程（IB）。在大学，学生需要定期参加测验。一般来说，大学教职员工负责的是内部考试、评分和学生成绩报告，而最终的学位考试则必须由外部机构进行验证和评估。

期末考试并不总是反映学生的真实能力，相反，他们在某一特定时间进行的测试才最有发言权。有的学生本来完全有能力通过考试，却可能会因为一些考试时的突发因素而发挥失常。伦敦大学学院（UCL）的罗斯·拉金（Rose Luckin）曾说过："几十年的研究表明，学生对知识的掌握和理解并不能通过一堆90分钟的考试来准确地加以评估。"人工智能可以对收集、分析和报告的数据进行精确的评估。它将元认知更紧密地整合到评估中。例如，通过询问学生如何回答问题的测试就能直接衡量学生是否有信心通过测试。这些都能帮助学生达到发挥最佳水平的状态，并对他们的表现进行评估。终极评估便是如此，这比单纯的考试更公平、更准确、也更全面。

从2012到2018年，有许多帮助学生自主学习的产品推出市场。2012年6月，卡内基梅隆大学推出"多邻国"（Duolingo），这款产品提供了语言学习支持和数字化的能力评估考试；2017年，它在全球的注册用户已达到2亿人次，提供23种不同的教学语言。

到2018年，人工智能已经影响到了某些国家的某些特定领域。只有人工智能在第四次教育革命中真正起作用了，教育领域源源不断产生的问题才能得到有效解决。

个案研究
亚利桑那州立大学

在英国和美国，走在人工智能学习创新前沿的更多的是公司而非教育机构。然而，中小学和大学才是直接为学生提供服务的机构，他们也最了解学生。因此，教育技术产业设计产品时往往都需要考虑教育机构是否会购买这些产品。这一点在首办于1985年的年度英国教育培训和技术展览会上得到了证明。也就是说，无论在任何情况下，要想推广人工智能技术，实现自适应学习，都需要推动技术创新的教育技术公司与教育机构紧密地合作。

亚利桑那州立大学走在了这类合作关系的最前沿。校长迈克尔·克罗（Michael Crow）非常富有远见，他想把亚利桑那州立大学转变成一所开放包容的"新美国大学"。《高等教育的战略领导力》（*Strategic Leadership in HE*）一书的作者斯蒂芬妮·马歇尔（Stephanie Marshall）认为，在将新技术引入教育行业这一块，迈克尔·克罗是大学校长里做得最出色的。2011年以来，亚利桑那州立大学一直在致力于通过自适应学习来提高学生对知识的理解、记忆和获取能力。事实证明，人工智能和自适应学习在普通大学的发展很有潜力。这些大学大都面临着一系列的问题，包括政府资金短缺，政治压力过大，入学人数下降，负担能力不足，性价比不高等。此外，越来越多的入学新生并没有做好大学工作的心理准备。在帮助学校解决这些困难方面，人工智能已经有所行动了，假以时日，一切问题都能迎刃而解。

　　亚利桑那州立大学应用人工智能所遭遇到的挑战的实质，用该校数学系主任艾·伯杰斯（AI Boggess）的一句话说就是："我们试着为海量的人群开展教育，这是我们从未尝试过的。政客们都说：'教育他们。作为补救？认真想想吧。我们觉得让他们四年毕业就行了，你们的资金不是也快没了吗？'亚利桑那州立大学是美国最大的公立大学，拥有7万多名学生。规模一大，问题就得尽快解决，而规模较小的机构有更多的时间来寻求解决方案。"

2011 年，亚利桑那州立大学与自适应学习初创企业 Knewton 合作，"开设了课容量为 4700 人的计算机化数学课程"。随后，有人谴责 Knewton 过分夸大了软件功能，该公司因此遭受了重创。但亚利桑那州立大学却继续开展自适应学习，并于 2015 年与 CogBooks 展开合作。CogBooks 是由比尔和梅琳达盖茨基金会（Bill & Melinda Gates Foundation）投资的一家英国公司，主要提供在线教材、讲座、视频、评估和相关的辅助工具。亚利桑那州立大学的自适应学习课程涵盖多种学科，据 CogBooks 的 CEO 吉姆·汤普森（Jim Thompson）说，采纳新技术后，课程的通过率从 70% 提高到了 90%。他声称，该公司将于 2018 年推出世界上第一个自适应生物学学位。尽管一直备受争议，但亚利桑那州立大学向高等教育领域展示了一位领导者引领技术创新的愿景以及它能实现的目标。

并不需要机器人

机器人（源自斯拉夫语，意为"奴役的劳动力"）并不是一个新概念，从某种意义上来说，模仿人类活动的机械设备已经存在了近 100 年。早在 1928 年，就有一个铝制的人形机器人"埃里克"（Eric）在伦敦发表过演讲。1954 年，人类又发明了首款可以编程的机器人，这款机器人于 1961 年在通用汽车公司的汽车生产线上首次投入了使用。

然而，要说机器人在"教育"生产线上是不可或缺的，这有点夸大其词。人工智能进入教育领域并不需要机器人。"机器人很笨。你根本不需要他们。"教育科技大师唐纳德·克拉克（Donald Clark）说道，"谷歌是教育科技最大的成功典范，它也属于人工智能的范畴。"机器人无法取代中小学的老师，大学课程的讲师，也无法取代研究生导师。但机器人教学的一些成功案例还是值得关注的。伦敦设计与工程学院（London Design and Engineering UTC School）就使用了 Pepper 机器人来帮助学生学习机器人技术，许多学校也采用了较为简单的技术，如蜜蜂机器人（Bee-Bot）技术，来教授编程。依靠人工智能技术来完成教学并不需要灵活的机器人躯体。在接下来两章的讨论中，我们将看到人工智能可以通过计算机屏幕，声音和面部识别，或是耳机和全息图来实现学生和老师的互动。"埃里克"永远也不可能代替"约翰"或是"法蒂玛"在教室里上课。

为什么人工智能没有对学校产生更大的影响？

虽然从长远来看，人工智能终将改变教育，但为什么人工智能在教育领域的发展道路如此坎坷？又为什么在教育领域的运用毫无起色？马丁·汉密尔顿（Martin Hamilton）提出过这一个悖论："人工智能每天都在影响我们，但中小学和大学并没有有意识地利用它来开发教学，也没有帮助学生做好未来遇到人工智能驱动的劳动力的准备。"

最主要的原因就是，企业在其他领域获得资金收益的速度会更快，比如交通、健康科学和金融。而政府则一直专注于国防安全。他们还在研究人工智能在改善测试目标上的价值，这才是他们所关心的问题。

人工智能教育发展慢的另一个原因是新技术很复杂，难以让人理解，而且关于它是否真的能在教育中起作用这点也很难确定。要想将影响学生学习方式的所有因素都考虑到，这几乎是不可能的。我们可以将它看作一个"早餐问题"，因为有一项研究表明，不吃早餐的孩子不会学得很好。正如教育科技企业家尼克·金德（Nick Kind）所说："我还从没听说过学习哪项技术需要问孩子吃没吃早餐。"再者，迄今为止花在教育技术上的数十亿美元和英镑值不值得，这也是不确定的。2015年，经济合作与发展组织（OECD）发现，各国学校花在 IT 上的费用和 15 岁儿童的数学、科学和阅读成绩没有任何关系。加利福尼亚大学的乔治·布尔曼（George Bulman）和罗伯特·费尔利（Robert Fairlie）在 2016 年发布了一份报告，也声称这项新技术对测试结果"几乎没有任何积极影响"。如果现有的技术已经不被看好了，为什么还要投资不确定性更大的人工智能教育呢？

此外，制度也阻碍着人工智能在教育领域的发展。从学校到董事会，从领导团队到家长和老师，人们都不愿意接受人工智能技术。在英国，很少有学校能像 Ark 一样得到政府的尊重。而 2019 年新成立的一所学校也已经取消了自适应的混合式教学模式，而采用了传统的教育方法。人工智能教育在英国的发展十分缓慢，尽管影响力还不错的教育基金会（EEF）对一些教育技术的创新进行了多次正面的报道，比如加速阅读（Accelerated Reader），这款产品可以为儿童挑选适合阅读的数字化书籍。

对于数字设备是否会对孩子造成潜在危害这点，家长们始终很担心，他们的担忧也影响了世界各地的政府。虽然政府在其他方面都非常支持创新，但在教育方面却一直持保守态度。2015 年，英国政府发起了一项调查，询问是否需要禁止学生在课堂上使用手机，因为这可能会分散学生的注意力。苏加塔·米特拉（Sugata Mitra）是一名教育技术学教授，他对禁止使用智能手机、回归死记硬背的做法感到愤怒。他说我们应该鼓励中小学和大学运用技术来提升学习水平和解决问题，他说："我要周游各国，告诉他们，试一试！"许多负担过重的校长的常规反应是，把信息通信技术教师派去参加 BETT 展会或是其他类似的信息通信技术会议，但这并不能解决问题。

我们的思想需要改变。不懂人工智能不是借口。教师需要跟进新时代、新技术。从某种程度上说，"那些欢呼数字化时代到来的斗士"才是罪魁祸首。长期以来，他们一直在说，数字化将改变学校的一切。他们一直在喊"狼来了"，现在人工智能开始真正影响教育了，人们反而冷漠起来，开始持怀疑态度。

第 7 章

人工智能在中小学的发展前景

中小学必须为未来做准备，但却不清楚未来是什么。他们不擅长规划未来，也不能选择裹足不前。虽然未来很难预测，甚至让人不安，但不备好万全之策，就很可能会遭遇凶险。我们知道目标在哪里，只是不懂要如何实现。但现在，答案渐渐清晰了。英国教师西蒙·巴尔德森（Simon Balderson）说："我们认为，教师的角色将不断演变……人工智能将管理每个学生的数据，为每位学生提供符合个人情况的学习计划……我们可以让世界上最好的教师和知识最渊博的专家来授课。"

在未来 15～25 年里，中小学将发生根本性的变化，学校为培养年轻人所做的工作也会发生根本性变化。单凭这一点，就该让学校意识到全面整改课程设置的必要性。正如理查德·萨斯坎德（Richard Susskind）和丹尼尔·萨斯坎德（Daniel Susskind）在他们的著作《人工智能会抢哪些工作》中所言："人工智能革命和前三次的教育革命是不一样的，它扰乱的不仅是体力劳动者的生活，还有权威人士和学术人士的生活。"风险投资家马克·安德森（Marc Andreessen）也曾说过，未来只有两种工作：一种是安排计算机做事，另一种是被计算机安排做事。然而，世界各地的中小学却一直墨守成规，还在用原来的模式为21世纪培养人才。"叫醒他们"是本书的关键，他们有必要感知到人工智能的力量。

未来的学校：回顾"中小学之旅"

为了更好地想象2030年学校的样子，我们先回顾一下第6章所讨论的"中小学之旅"。当时的图表显示，当下数字技术和人工智能对教育的影响十分有限。但人工智能只要运用得当，就会改变这一现状，如图7-1所示。图中人工智能对学校各个领域的影响将依旧用不同深浅的阴影来表示。

"课程"一栏呈浅灰色，是因为自适应学习技术将从根本上改变学生的学习方式。而教师的"园丁"角色仍呈白色，则是因为人工智能并不能明显改变师生之间的关系，尽管我们不能忽视它在青少年，尤其是困难学生的个人辅导上提供的帮助。"图书馆"和"考试"制度都呈深灰色，这是因为它们都将在人工智能的影响下实现转型。"图书馆"将成为学校里最主要的学习地，但只提供很少的实体书籍，而"考试"呈深灰色，则是因为它将被线上连续评估所取代。

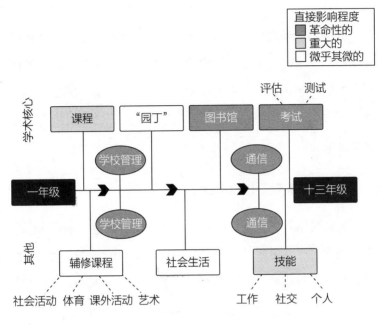

图 7 – 1　2030 年的中小学之旅

中心线以下的"技能"一栏呈浅灰色，是因为人工智能将通过在线互动、人工智能咨询和支持对每个年轻人的发展有所影响。图中"辅修课程"和"社会生活"领域仍然是白色的，但即使是在这两个领域，人工智能也会对年轻人的发展产生影响。

未来的前驱：尖端学校

我们不能精准地预测人工智能在中小学的未来，但它其实正向我们招手。为了寻找线索预测未来十年的发展，我们找到了 5 所创新学校，其中 4 所在美国，1 所在印度。在这些学校里，新型的人工智能技术和前沿思维为学生提供了截然不同的学校体验。

1. 阿尔特学校（Alt Schools）

阿尔特学校由来自加州和纽约的一些"实验学校"组成。在这些学校里，学生可以和老师协商来制订自己的学习计划。这是依靠平板电脑上的两款指定软件实现的。其中，"画像"能记录每个学生在学业和社交技能方面的学习进度，而"列表清单"则能指导学生完成日计划和周计划，并帮助他们完成相应的作业。可以说，阿尔特学校的核心就是个性化学习。

说他们是"实验"学校，是因为设计这种学习模式的老师和工程师都希望能将这种新型的教学法推广到全美国，进而推向全世界。马克斯·文蒂拉（Max Ventilla）曾在谷歌管理过个性化业务，是阿尔特学校的创始人兼首席执行官。他说阿尔特学校"既不是一所学校，也不是一家初创企业，而是一所'全栈式教育公司'"。全栈是技术领域的术语，意思是全面。公司的员工有三分之一是教育从业者，三分之一是工程师，还有三分之一是经营负责人。正如英国《金融时报》所言，阿尔特学校的总部位于旧金山初创企业区的核心区，位置十分重要，紧挨着 Airbnb、Pinterest 和 Dropbox 等其他创业公司。该公司的技术支持包括由易趣网（eBay）创始人皮埃尔·欧米亚（Pierre Omidya）创建的"欧米亚网络"（Omidya Network）。到 2019 年，教育科技的市场规模将增至 1200 亿美元，因此，投资者对这一市场青睐有加也就不足为奇了。

在旧金山耶尔巴布埃纳岛的阿尔特学校，我们所谓的五大核心教学任务里，没有一个需要教师全权负责。他们不需要备课，也不需要组织课堂讨论、展示材料或是测验打分。只需要在空余时间关注每个学生的学习进度，解决他们各自的难点，然后比工厂模式更深入地分析他们的学习成绩就可以了。阿尔特学校的一名学生告诉《经济学人》："我觉得这里的老师真的很了解我。"值得一提的是，学生每天在电脑上只花费 20%～30% 的时间，这让老师们安心了不少，因为他们总担心教育会失去人文关怀，也担心会丢掉自己的工作。政府和政府也需要注意到这点，学生每天花费在电脑上的时间只有全部学习时间的四分之一。

阿尔特学校目前还处在早期发展阶段。它能带来哪些好处？对未来学校的发展有何参考价值？这些引发了支持者和反对者的激烈争论。当下，人们最关注的就是隐私问题。为了监视学生的一举一动，学校在墙上安装了摄像头，但这很可能会侵犯学生的隐私。随之而来的还有公平问题，因为老师并不是总能理解电脑进行学生评估的算法原理，也很难向家长解释。但阿尔特学校的项目正在稳步前进，重要的规则也在被一一制定。

2. 萨米特公立学校（Summit Public Schools）

萨米特公立学校是由加利福尼亚州和华盛顿州各校组建的公立校园网，主要服务于贫困的拉美裔学生。这给那些认为新技术只惠及富人的人提供了一个答案。这一模式最初是由硅谷的一所学校发起的，后来发展到了几所学校，到2017年，已经有超过2万名学生在27个州使用这一远程学习平台。萨米特的创始人兼首席执行官戴安娜·塔温娜（Diane Tavenner）从20世纪70年代上学时起，就对个性化学习充满了热情。因此，和阿尔特学校一样，萨米特也将个性化学习作为学校的核心，这也就不足为奇了。

"孩子们没必要每一步都循规蹈矩地学。"萨米特的学校负责人安德鲁·戈尔丁（Andrew Goldin）说道。他认为相比于传统课堂，个性化技术会让学生学起来更有效率。同时，让学生掌握自主学习的权利，可以激励他们更好地学习基础知识。就我的亲身经历看来，这是完全正确的。而对那些担忧深度学习会带来困扰的人，他回应，要想更深入地研究，就必须先学习这些核心课程。他说，在全美国的数学考试中，萨米特有2/3的学生都表现得很好，甚至超出了人口统计学的预期。顺利毕业的学生也比同类学校多10%。

在萨米特学校，学生会用靠技术省下来的时间进行项目学习。在老师的指导下，项目学习一般会占用一半的学习时间。塔霍探险学院（Tahoe Expedition Academy）是萨米特旗下的一所学校，用的是脸书开发的软件平台。学生每天都会先登录自己的"个人主页"，查看自己的阅读、视频和测试清单，然后与老师协商决定当天要学习的版块，而具体内容由他们的喜好和需求决定。

在塔霍探险学院，学生享有最高的权利。他们可以从事各类项目，从优化3D打印技术到测试水质，再到学习机器人所缺乏的情绪系统。学校这样做是为了将技术含量较高的学术学习与户外探险相结合。探险能将学生推到舒适区的边缘，从而塑造他们的性格，就像澳大利亚吉隆文法学校的学生在澳大利亚内地经历的著名的"Timbertop"学期那样。在塔霍探险学院，每年都有团队花费40天左右的时间在遥远的墨西哥和叙利亚组织"建设性体验"项目，目的是帮助学生了解在数字技术时代，是什么使人类成了独一无二的物种。

马克·扎克伯格和他的妻子普莉希拉·陈成立的"陈·扎克伯格行动"（CZI），也在进行类似的探险。2015年，在他们的女儿麦克斯（Max）出生后，他们便宣布用自己在脸书公司的股份（估价约450亿美元）创立 CZI。他们给女儿写了一封公开信，信上说："你将在自己最感兴趣的领域突飞猛进，在最难突破的领域得到帮助。你将探索当下学校里还没有的课题，你的老师也会有更好的教具和数据来帮助你完成目标。" CZI 想在十年内实现新兴技术在美国学校的普及，他希望全世界的教育都能因此而改变。

3. 一人学校（SO1）

这是一个始于 2009 年的中学数学项目，目前共有六所纽约的学校参与其中。与阿尔特学校和萨米特公立学校类似，它的理念是让每个学生都能按照自己的学习节奏进行自适应学习。该项目运用的学习算法能针对每位学生的优势、需求和最佳学习方法，为其制订独一无二的每日学习计划。

教室是开放式的，有许多学习角和可移动的桌椅；学生既可以独立学习，又能与其他学生和老师合作学习；教师的数量也很充足。的确，当下学生与教师的比例为 10:1。该公司的初创 CEO 乔尔·罗斯（Joel Rose）开发的"新教室"扩大了 SO1 的教学模式，实现了"一对一教学"。"新教室"的数学主管温迪·巴蒂（Wendy Baty）曾说，这种技术方法能让学生及时得到老师的反馈，而以前，"就算老师再好，也不可能回答全班所有同学的问题"。

4. 可汗实验学校（KLS）

可汗实验学校是萨尔曼·可汗的一个构想，目前仍处于实验阶段。它是可汗学院的一个联合开发项目，该学院在开发在线课程上贡献卓越。在加州山景城的可汗实验学校，学生不会整天呆坐在教室里，也没有作业和测试，更不会按年龄来划分年级；他们共享公共空间，就像现代的开放型办公室一样，他们在自己的个人平台上按照软件提供的最佳进度和最佳方式完成个人的学习目标。同时，学生也会积极参与到自己的学习规划中（学生越上进，效果就越好）。通过和老师或导师的协商，他们很清楚自己学习哪些科目会有困难，也会为克服这些困难而不懈努力。到了第二年，也就是2016年，山景城可汗实验学校的学生人数已增至100人，而他们的最终目标是400人。可汗实验学校能告诉我们未来是什么样吗？

5. 印度金奈河湾学校

这所将于2020年建成的私立学校为我们提供了一个不一样的未来愿景。该学校希望能通过修建基于乡村理念的新型建筑来提升学生的个人成就感和幸福感，觉得这样能促进学生间的人际关系和学术进步。该校创始团队认为，学生能否取得成就，与情商、个人幸福感和牢固的人际关系密不可分。建筑师库拉尼（Kurani）说："这所学校的中心是一个广场，可以学习、玩耍、思考、生活和耕作。密集的人行道、户外的亭台楼阁、传统的四合院，学校的方方面面都能鼓励同学进行社交。"学校内部设有许多相通的分区，这些区域是用玻璃隔开的。开学后，学校将使用包括机器人在内的最新技术，让它与学校的社交核心完美融合。学校也不会修建工厂时代那种毫无个性的学校建筑，而会采用富有活力的自然建筑风格。

这五所实验学校对技术成本和教职工的要求都很高，因此，若是没有大量的捐助者或是企业资本提供支持，则只有少数精英阶层的家庭能负担起如此高昂的学费。但它们预示着教育的未来，尤其是在技术成本降低后。这些先驱们的目标很明确，就是"硅谷想让教育从 19 世纪只靠教师面授的手工模式转向 21 世纪的个性化体验，科技可以在全球范围内实现这一点"。我们应该注意到这样的创新者，并开始推广和应用他们的思维方式。"这些实验学校的技术将不会迅速蔓延到全球的学校系统"的说法过于武断。我们应该关注这些新型的教育模式，然后想办法运用他们，而不是找借口逃避。对这些实验学校的技术将迅速普及全球这一点，没人敢提出质疑。

改变势在必行

当下，社会和经济正飞速发展，要想让学生做好准备迎接挑战，就必须迅速彻底地改变学校的教育模式。而推动这一领域变革的引擎正是人工智能。第四次教育革命不可避免，也很有必要。在这一观点上，我们并不是孤掌难鸣。我们站在历史的一端高喊着："继续吧！"会有很多人跟着一起喊。在接下来的两章中，我们将讲述先驱们的故事，其中有好的，有坏的，也有丑恶的，但大多数都是好的。他们冒着名誉、金钱或是双重风险，把未来带到我们面前。结合专家的意见和当下的实践，希望我们能在这一幻想中，弄清有哪些是可以实现的。

教育技术和人工智能专家亨利·沃伦是教育技术变革的坚定拥护者。我们认为，机器人并不是这场变革的核心，沃伦也一样。在他看来，应用于教育领域的会是别的人工智能平台。他的论点很有说服力："未来发展中国家的儿童数量将达到12亿，我们不可能培养出那么多老师来教育他们，也没钱这样做。"和许多人一样，沃伦觉得人工智能可以提升贫困地区儿童的教育水平，而让人激动的是，实现这一目标并不需要等很久。"通用人工智能（AGI）并不需要承担教师的大部分角色。把教师的教学任务细化后就会发现，有很多都可以靠人工智能来完成。"他补充道，"虽然就目前来说，这并没有完全实现。"而要想让学生"人手一台笔记本"，问题就变了。

当下，英美两国都面临着严重的教师危机。到2024年，英国仅中学就需要增加4.7万名教师。传统的解决方案，包括扩大班级规模和降低教师入职资格要求等，但都存在着各自的问题。人工智能可以解决这一问题吗？沃伦认为，英美两国的教师危机将迫使政府做出改变，毕竟"需求是发明的动力"。

正是在细化教学任务的过程中，我们看到了人工智能的用武之地。在上一章，我们回顾了教学的五个阶段模型，分析了2018年以前数字化对教师和学生的影响。在此，我们将再次运用这一模型，以2030年作为一个重要的时间节点，研究人工智能未来对于学校的影响。

在细化教学的组成部分时，我们将再次使用深浅不同的阴影来表示2030年人工智能对各领域的影响程度。可以看到，下图中的五个方框都呈深灰色，这表明人工智能将对这些领域产生巨大的影响。

① 材料准备/记忆知识
② 课堂组织/应用知识
③ 确保所有学生都参与学习/将知识转化为理解
④ 布置和批阅作业/自我评估和诊断
⑤ 准备期末考试并撰写总结报告/反思与自主学习的发展

教学模式的五个阶段

1. 材料准备/记忆知识

一直以来，教师都把为学生准备资料作为教学的第一步。

他们会参考已有的资料，也会自己编写一些，来契合学生现阶段的学习水平。这对所有老师来说都是一项极具创造性和满足感的工作。未来，人工智能将在这一领域为教师提供帮助，甚至取代教师。正如我们在萨米特和阿尔特学校所看到的那样，人工智能能为学生提供创作资源，并根据每位学生的学习情况挑选合适的教材。

要想进一步完善这一技术，我们还需等待英国的自然语言处理技术取得突破性进展。因为只有真正"读懂"了书本的内容，人工智能才能判断出一本新书对学生造成的影响，也才能判断这本书是否符合学生的个人喜好。而目前，自然语言处理系统（NLU）还不属于人工智能的范畴，这就需要通用人工智能来解决了。但问题是，我们能不能实现通用人工智能呢？与此同时，我们也将继续优化教师在资料准备中所扮演的角色。甚至像约翰·布莱克（John Blake）这样的传统教育拥护者和伦敦政策交流中心都认为，教师那种备课、写教案都得亲力亲为的想法已经不可取了。数据"专家"很快就会出现，他们将采用人工智能技术，为每位学生编写最适合其学习水平的资料。

2. 课堂组织/应用知识

教师经常投入大量的精力来设计易于产生共鸣和吸引学生的学习环境，也会花大量的精力来组织课堂以实现教学的最佳效果。这项富有创造性和个性化的技能也同样受到了人工智能的影响。研究表明，对学习效果影响最大的因素有：空气的新鲜度、温度以及座位安排。人工智能可以通过控制这些因素来最大程度优化学习效果。

个性化需求将改变传统的"教室"观念。试想，如果学生每天大部分时间都在自主学习，学校还需要像现在这样配置教室吗？然而，与2000年、1900年和1850年一样，现在的学校仍然乐此不疲地在修建走廊和教室。最近的一项分析指出："传统学校采用的都是集体学习的模式，因此只需要一间教室、几排桌椅和一名教师就够了""这种传统习惯早已根深蒂固，人们也都司空见惯了。但在新建学校的报道里，我们却很少看到教室的照片。为什么？因为教室的工作机制大家都清楚，也都能想象，真的太无聊了。"

的确，这种在全世界流行的第三次革命时代的教室风格很有纪念意义。但克莱顿克里斯滕森研究所（Clayton Christensen Institute）的联合创始人迈克尔·霍恩（Michael Horn）表示，他的使命就是"靠着颠覆性创新来改善世界：未来，我们将不会有'教室'"，学生将在一个以学生为中心的环境中学习，我们称之为学习工作室。在那里，学生的学习都是个性化的，能满足个人的精准需求。为了契合新学习模式的核心，即社团、灵活和可选择三大原则，学校的空间和桌椅设备也需要进行重新规划。由于新的教学模型会运用多种学习模式，因此还需要留出场地来开展各类活动，让同学们既可以靠数字媒体独立学习，又可以通过小组合作学习。到那时，要是还有教师的讲桌的话，应该早就被搁置在一边了。

因此，随着时间的推移，传统教室终将被淘汰，取而代之的是宽敞灵活的分区设置，可以为个人和小组学习提供空间。学生心理和生理状态的检测则是靠传感器来完成的，它的速度比任何老师都快，而且检测得更准确。这些信息会向老师提供建议，让老师及时干预，尽可能地将不良问题扼杀在摇篮里。

3. 确保所有学生都参与学习/将知识转化为理解

教师的另一项基本技能是表演和沟通。他们会通过动人而富有激情的"表演"向学生展示材料，以吸引其注意力，激发他们的兴趣，从而进行深入的理解，而不是任由学生自生自灭。但人工智能却彻底改变了"自生自灭"的含义。页面、文章或屏幕上的文字不再死气沉沉，而是鲜活了起来。人工智能就像今天的老师一样，靠着吸引学生注意力和增强其个性来赋予了他们生命力。

人工智能的视觉体验能灵活地向学生展示学习资料，这让老师的阐述开始变得多余。这种灵活性主要体现在对内容的数字文本分离和"展示"方式上。印刷文本的内容和展示都是静态的，数字文本则不同，它的内容可以依靠多种方式进行呈现。现代语音合成技术可以将数字文本转换成语音，同时对所阅读的文字进行高亮处理，强化书面和语音之间的联系。此外，盲文翻译设备还能将同一数字文本进行触觉转换。

有语言学习障碍的学生只要单击单词，就能获取由图像和其他语言提供的上下文语境。通过这些方法，数字文本可以为身患残疾、不擅长阅读或英语学习的学生减少学习障碍。学生还可以灵活多变地对数字内容进行"标记"。标记后，数字内容就能在不同的电脑设备上以不同的方式展现出来，从而在保证文本完整性的前提下满足不同用户的需求。就连一个网页页面都能在台式电脑、小型笔记本和手机三种设备上加以显示。

运用"可扩展标记语言"（XML）进行标记，不仅会看结构，还会看语义。这样就能根据含义来识别标记元素，而不只是依据结构和语法。这样，文本就可以靠摘要或问题进行标记，再选择性地分发给部分学生。而没有分发到的学生就没有必要在这一文本上花费精力了。"其他的数字媒体，像视频、音频、虚拟技术和增强现实，也具有这样的灵活性。"但时至今日，人们才开始对这种新的学习方式加以重视。戴上虚拟现实的耳机，学生可以"参与"世界另一端的课堂，获得身临其境般的体验。英国博克姆斯特德学校（Berkham Sted School）校长马克·斯蒂德（Mark Steed）相信，随着"带宽和处理速度的提高"，这一切终将来临。

4．布置和批阅作业/自我评估和诊断

为了取得更好的教学效果，教师往往需要反复检查和评估学生对知识的吸收程度和对资料的理解程度，这也是教学与广播的区别。录制好的课程和电视节目是无法实现双向交流的。

但对一个老师来说，要想时刻把握班级内 30 名学生的学习进度并不容易。伦敦大学学院的罗斯·拉金坚信，到 2030 年，所有的教师都将拥有"一个负责记录和评分的人工智能助手"。此外，教师还需要营造学生进行自我评估和树立自信的环境。萨米特公立学校的黛安娜·塔温娜强调说，有时候，教师未必是评估学生学习的最佳人选。教师既要辅导学生，又要对学生进行测试，潜意识里不免会有些偏见，但"一旦有了技术，就不存在这种问题了"。

在传统的工厂模式中，学生考试后往往需要等很长时间才能拿到成绩。俄亥俄州阿克伦大学的马克·D. 舍米斯（Mark D. Shermis）表示："随着班级人数的增加，大多数老师都不可能对学生的作文给予有价值的反馈。"时间拖得越久，老师就越着急，反馈也就越没有意义。这意味着在学习接下来的课程之前，学生没办法根据老师的反馈查缺补漏。人工智能支持的实时评估系统能消除这一等待期，并及时地给予反馈，促进学生学习。

2012 年，休利特基金会（Hewlett Foundation）为发展自

动评分系统，专门设立了一个奖项；2013 年，edX 也设立了一个。但并不是所有人都支持机器评分，麻省理工学院的佩雷尔曼（Perelman）就是其中一位批评者。他胡乱拼凑了一些论文，却在自动评分系统中拿到了很高的分数，这引起了人们的注意。当然，谨慎一点是好事，但马克·D. 舍米斯的想法也很有道理。"批评往往来自权威机构。尽管他们在提供反馈方面比机器做得还好，但却缺乏对当下世界潮流的认知。"

技术的进步终将解决这些问题。实时监测系统能通过对学生的个性化评估和反馈来帮助学生提高成绩，这也让学生受益良多。此外，在监察作弊方面，机器也聪明得多。ProctorU 是一款全球在线考试的监考软件，能确保考试的公正性。未来，教师还是会监督学生的学习进度，但并不影响评估结果，也不会参与打分。但其他学生的线上线下表现仍然是评估的核心，因为只有了解了其他同学的情况，才能更好地分享和收获；也只有和同龄人相比，才能更好地进行自我评估，洞察自己的能力，促进深入学习。

5. 准备期末考试并撰写总结报告/反思与自主学习的发展

教师的最后一项任务是帮助学生备考阶段性考试、水平考试以及每年的期末考试。他们需要给学生打分（不同地区评分标准不同），并为学生下一阶段的学习或就业撰写报告和资料。这些也将被人工智能所取代。欢呼吧！曾经所向披靡的综合性考试就要逝去了。这倒不是说它一点都不好，而是因为它够流行，但却不够好。连续的数据监测报告和实时反馈将取代它的位置，帮助学生更好地进行自主学习，并弥补自己的不足之处。

在工厂的教育模式下，学生年复一年地攀登着知识的高峰。攀得越高，自主学习的权利就越大。但在高度结构化的学校环境中，获取"自主"权的过程简直太慢了，许多学生甚至到毕业都没能掌握自主学习的能力。甚至可以说，很多学生在成人教育、高等教育或是工作的时候，都只会"唯命是从"。虽然最终学会自主学习的人并不少，但学不会的人也有很多。但在人工智能的帮助下，学生能更好地为自主学习做准备。斯蒂芬·赫佩尔说："现在的考试太死板了，学生不知道怎样才能进步，这一切都会有所改变。"

计算机评估系统很可能会"取代"期末考试。2018年2月，英国剑桥大学考试委员会 CEO 西蒙·莱布斯（Simon Lebus）表示："这项技术如今已经存在了。"英国的教育科技公司 Zzish 在 2017 年也启动了一项计划，想利用现有的一切新数据，向全球政府实时提供学生的在校表现，从而提高学习成绩。考试垄断教育的时代已经快要结束了。

据一份报告显示，要想培养自主学习的人才，就得遵循几个原则："学习必须个性化，必须以能力为基础，必须不受时空限制，必须由学生主导。"学校也需要转变自己的做法：从

"这是你的学习指南和答题纸"转为"你想怎么学？需要我们做什么"？中小学一直觉得为大学培养自主学习的人才很困难，而人工智能可以在这方面提供很大的帮助。

通过每周采集的大量学生数据，人工智能可以对每个学生的表现进行全面跟踪，并寻求适合他们的高等教育课程和工作。公司的老板们也已经开始建立自己的培训项目，用于寻找并培养员工中最具潜力的人才。在未来，学生在校成绩和学历学位的重要性将大大降低，因为老板能拿到更全面、更具说服力的求职者数据。每个学生在成长过程中的能力和表现都会被记录在一套不可篡改的账本系统之上。也就是区块链，这一点我们稍后再讨论。

是所有的课程都适合人工智能（虚拟现实、增强现实和混合现实）吗？

人们普遍认为，新型的人工智能技术主要适用于 STEM[⊖] 学科，然后是社会服务类，最后才是人文学科。这种想法很容易理解，因为 STEM 学科的答案往往只有对错之分。但其实，人工智能一类的新兴技术一定会对所有学科造成影响，甚至还

⊖ STEM 是科学、技术、工程、数学四门学科英文首字母的缩写。——译者注

会帮学校开发一些新的课程。

英语是公认的难点学科。但 Unity 这款软件却借着 3D 技术将盎格鲁 – 撒克逊部落的古诗《贝奥武夫》进行了立体化呈现，让学生可以在场景周围漫步，还能和角色进行互动。英国皇家莎士比亚话剧团（RSC）的莎拉·埃利斯（Sarah Ellis）正致力于研究尖端技术和创新科技，希望通过 3D 技术，让演员能在学校的礼堂或是家里的桌子上表演戏剧。她说："这一定程度上是为了迎合年轻人看待世界的方式。"普利茅斯大学的托尼·贝尔佩梅（Tony Belpaeme）则表示，未来的语言课程将会由机器人和聊天机器人来教授。他说："听机器人讲课学到的会更多。"此外，历史类课程也会发生转变。加州大学洛杉矶分校的瓦列里奥·西奥雷利（Valerio Signorelli）表示："人工智能是我们亲近历史、共享历史的第一步。"人工智能很可能会赋予历史和古典文学新的生命。

人工智能不会，也永远不可能取代人类在艺术创造领域的能力。我们之所以将人工智能在未来学校的发展看得如此重要，也是由于这一点。"孩子们很擅长运用自己的想象力和创造力……这是人类所特有的能力，电脑和软件是很难学会的……还好，在这一领域，机器人毫无用武之地。"我们觉得很难的事，数字设备却觉得很简单，例如下棋；而我们觉得简单的事，它们却很难做到，例如在房间行走，这被称作"莫拉维克悖论"。但行走真的很"简单"吗？

社交、情感和特殊需求的学习

　　人工智能也会为有特殊教育需求和残疾的孩子提供帮助。在工厂的教育模式下，这些孩子就算对学习投入了大量精力，也往往会被边缘化。与其说是故意忽视，不如说是因为这套体系是针对普通学生的，时间和金钱的投入都很有限。

　　一些新型产品将为这些孩子提供帮助。例如 Branching Minds，这款产品能运用最新的技术来满足学生不同的需求，从而帮助他们学习科学和研究学术。而 Education Modified 这款产品针对的则主要是那些"虽然患病，但还能留校学习"的孩子们。老师可以通过它来监督学生的行为反应，从而调整教学方法。

　　事实证明，机器人式的人工智能学习设备能很好地帮助那些患有身体缺陷的孩子。瑞典一家名为 No Isolation 的公司发明了一款"蜜蜂"机器人（Bee）。它能在课堂上充当孩子的眼睛和耳朵，让上不了学的孩子也能参与课堂，与师生互动。2017 年，英国引进了这款产品。目前，教育领域已经引进了多款通用设备，例如 Double Robotics 公司生产的远程教学机器人。

　　在"中小学之旅"中，我们还提到了"社交和技能"。人工智能在这一领域又有何贡献呢？目前，市场上已经出现了不少相关的计划和产品，这为我们指明了方向。纽约大学斯坦哈特学院就是一个先行者，该校的教育技术项目"StartEd"能帮助学生提高自己的情商。校董事长阿什·卡鲁拉奇（Ash Kaluarachchi）非常支持对学生美德的培养，希望能增强学生的同情心和正直感："这类课程之前只有最聪明的孩子才能学习，如今技术推广了这门课程。"Peekapak 公司也率先在这一领域展开了探索，希望能通过研究型学习和数字游戏来培养学生的感恩意识、合作意识和尊重意识。此外，还有"全景教育公司"（Panorama Education）。目前，美国有10%的学生都在使用这家公司的产品，公司则定期对学生进行调查，来帮助他们更好地发展。

总部位于美国佛蒙特州的 SchoolHack 在美国也迅速流行起来。该公司有一个在线个人发展平台，可以为学生的个人发展提供帮助。"Hello Ruby"是芬兰的一款产品，可以通过创意和艺术项目帮助低龄儿童进行思考。伦敦教育科技的推动者"Emerge"则投资了 Pi-Top 公司，该公司设计了"树莓派"（Raspberry Pi）系列台式电脑和笔记本电脑，可以帮助学生提高科技方面的技能。我们现在才刚刚起步。预计到 2030 年，人工智能辅助学习将显著改善存在学习障碍儿童的教育水平，同时在性格塑造和技能教育上也会有所提升。

"人手一台笔记本"（OLPC）和人工智能

目前，发展中国家的儿童还不能享受高质量的教育教师资源，但技术将彻底改变这一现状，为他们提供更好的未来。早在 2005 年，就已经有人提出过"人手一台笔记本"的想法。但前提是，学生必须有能力进行自主学习，只是缺乏机会和资源。这一理念希望能为全世界每一个孩子配置一款"低成本、低功耗、高性能，耐磨损"的笔记本电脑。

近期，OLPC 在埃塞俄比亚的两个偏远山村展开了行动。公司送去了一箱装有安卓系统的平板电脑，每台都预装了教育软件，但没有附说明。而关于后续的发展，我们采访了大卫·托尔伯特（David Talbot）。

"据我们猜测，孩子们先会玩一玩这些盒子。然后不到 4 分钟，就会有人打开它，还找到了开关……启动了电源。5 天之内，孩子们就学会了每天使用 47 款应用软件；不到两周，他们就能在村子里唱字母歌；而 5 个月后，他们就能把安卓系统给黑掉了。"

这和 1999 年那场著名的实验十分类似。当时，教育技术的先驱苏加塔·米特拉和他的同事把一台电脑放在了新德里 IT 办公室附近的墙边，离贫民窟很近。同他的话说："后来发生的事简直太不可思议了。孩子们从贫民窟里跑出来研究这个新鲜玩意儿……不到几个小时就学会了上网。"但不是所有人都有此感触，唐纳德·克拉克就谴责说，这有一种教育殖民主义的味道。

这两项实验表明，只要给予孩子足够的指导和鼓励，就算是"未受过教育"的孩子，也能取得很好的成绩。"KA-Pi"项目的目标很大，它想靠着"树莓派"笔记本来实现可汗实验学校的远程教学，这甚至都不需要互联网：只要建立局域网，学生就能进行有线和无线访问。Bridge International Academies 是美国的一个商业公司，也是目前发展中国家最领先的教育技术供应商：公司的老师使用平板电脑，借助写满了文字的 PPT 向学生教授课程，教师工会不满意其教育标准，也与之发生过冲突。亨利·沃伦相信，这些问题是可以克服的。她的乐观态度来自于一个有名的全球学习软件大赛，这个大赛会付给那些"能帮助发展中国家的孩子在 15 个月内学会基础阅读、基础写作和基础算数"的软件开发者 1500 万美元的奖金支持。

但要断言说人工智能一定会改变贫困儿童的教育，现在还为时过早。OLPC 或是类似的项目都还需要长时间的经验积累。孩子们是否会主动进行学习，这点也有待考证。但这项基于人工智能学习的新技术有潜力，也一定会改变这些贫困孩子的受教育状况，让高质量教育不再是他们的奢望。沿着 KA-Pi 项目的思路想一下，我们有没有可能给所有孩子提供搭载人工智能程序的太阳能电脑呢？我们可以在电脑里存入海量的视频文本和课程，并提供自适应学习技术来取代老师的角色。这项技术可以帮助学生制订学习计划，管理学习进程，还能进行评分和反馈。此外，借着平板上搜集的数据，还能为学生提供个性化的学习体验。这在理论上是可行的。

成本是必须考虑的首要因素。要想取得最好的技术效果，就得有充足的资金。我们之前提过的5所硅谷实验学校都证实了这一点。因此，人们真正担忧的是，人工智能很可能在缩小教育差距这方面会适得其反。但反过来，教育科技的成本也很可能会大幅度降低。此外，父母在孩子成长过程中所扮演的角色会增强，这在一定程度上也缓解了人们的焦虑。正如普里亚·拉克哈尼（Priya Lakhani）和罗斯·拉金所言："最适合发展教育技术创新的地方是非洲、印度和远东的贫困地区，因为那里的父母都很重视孩子的教育。但在西方，父母并不把教育放在同等重要的位置上，所以会阻碍教学的发展。"但也正如我们所见，急需教师的不仅是非洲，英国和美国也一样。

未来还需要老师吗？

第四次教育革命到来时，还有什么是需要老师做的吗？在我们看来，人工智能是不可能完全剔除教师这一角色的。它让学生在学习上承担了更多的责任，甚至从很小的时候就开始规划自己的时间。随着时间的推移，学生会在人工智能的鼓励下变得越来越自觉。因此，老师也就逐渐变成了学习的组织者，为他们答疑解惑，组织集体讨论，还要提供无微不至的关怀；同时，还需要帮助他们实现德智体美劳的全面发展。

很多预言或直接或委婉地都在说，教师职业会随着人工智能的发展而消失，但这完全是危言耸听，也根本不会成真。现在的老师要负责的工作很多，这就使得他们不能一心扑在教学上。堆积如山的行政工作和日常任务压得他们喘不过气来，自然就没有足够的精力来培养年轻人了。"最近有项调查对3000多名教师进行了采访，其中有一半以上的人说他们每周的工作时间超过了55个小时，还有近四分之一的人超过了60个小时。"工厂教育模式对老师的管理要求只会更多，不会更少。

但人工智能肯定会彻底改变教师的工作，没有回头路可走。通过对传统五大教学任务的支持，人工智能将促使教师行业发生有史以来最大的变革。虚拟技术的进步也意味着教师不再需要亲临现场进行教学。甚至远在埃塞俄比亚偏远村庄的学生都能得到来自布莱顿、巴尔的摩或是班加罗尔的数学老师的辅导。《经济学人》调查了2017年的人工智能发展状况，并总结说："教育软件并不能淘汰教学。要非说有什么不同，那就是它让教学变得更重要了。"但我们也不能妄自微薄。吉姆·汤普森警告说："老师如果运用这项技术来辅助教学，还尚有一席之地，但如若不用，这项技术随时都可能对教师的工作产生威胁。"

人工智能给教师培训也带来了革命性的变化。未来，教师需要为角色转化做准备，而人工智能可以帮助他们预测即将面临的挑战，就像飞行员在模拟器上学习那样。聊天机器人能帮教师应对那些难对付的学生，也会教他们如何缓解压力。未来，教师职业的发展将彻底被人工智能所改变，世界各地的老师也会更有干劲儿。当下最时髦的 PPT 演示文稿也将被扔进历史的垃圾桶，因为它太死板了。坦白说，我也用过几次。

未来还需要实体学校吗？

人工智能时代还需要实体学校吗？如果技术可以替代老师，学生为什么还要去学校上学呢？在发展中国家，家庭学校的数量一直在增加。2011 年，英国在家学习的儿童还只有 1.5 万多人；但 5 年后，这一数字就翻了一倍，达到了近 3 万人。警察和监察机构对这一现象感到担忧，因为这很容易导致父母家暴，也很容易培养出行为极端的孩子。心理学家也反对孩子在家接受教育，因为在只有一个学生的场景中，孩子进行社交和情感交流的机会是很有限的，这才是关键。未来的孩子们可以待在家里度过他们的"学习日"。对着人工智能设备，他们可以更好地学习，也可以节省往返学校的时间和不便。但学校的存在是为了教育人类，尽管新技术在促进情感学习、学科教育和生活方面做得都很好，但从根本上讲，学校仍然是，也将永远是学生最基本的社会活动场所。因此，不管是在 2030 年、2050 年还是 2100 年，我们都需要学校。只是学校的外观和给人的感觉会有所不同，它更像是一个当代的开放型办公室，而不是 20 世纪 70 年代的工厂。

智能学校

"智能学校"指的是那些强调人而非机器的学校，这类学校在 2018 年还没有出现。但世界上的很多学校都已经有了它的影子。据估计，它将于 2030 年开始上市，并于 2050 年实现普及。学校将根据当地的地势、地貌进行修建，让校内外都能绿树成荫。20 世纪早期的英国建筑师埃德温·路特恩斯（Edwin Lutyens）很擅长这种建造风格。学校的能源和水资源也由当地提供（英国沃尔顿的阿什利小学就是这样做的），学校的食物也将由学生亲自种植；校园里还会养一些小动物，学生可以帮忙照顾它们。

学校内部设有许多大型的开放区域，里面有很多座位可以移动，学生们既能在其中独立学习，又能在指定区域做项目，参加研讨会，或是开展小组活动。在学校里，学生会花 30% 的时间使用人工智能软件，这能为他们提供个性化的学习计划。无论是课程设置、办学理念还是建筑结构，校园的每个领域都渗透着人文主义的元素。校园还为艺术和体育活动开辟了专门的场地，而这两个领域对"智能学校"来说都至关重要。此外，还有一些区域是留给学生进行思考的。而这种教育哲学的核心就是"幸福""多样""好奇心""创造力"和"个性化培养"，这能尽可能开发所有孩子的潜能。"智能学校"的规模比现在的学校小得多，也更加本土化。而教师的数量则基本维持不变，只是角色有所不同，我们在上文已经提过了。此外，学校还会安排很多助教和人工智能助手。

最后，我们还需要注意，人工智能和数字技术本身并没有好坏之分：它只有在提升人类能力的时候才有所价值。2018年年初，乔·克莱门特（Joe Clement）和马特·迈尔斯（Matt Miles）发表过一篇文章，声称人工智能和技术会降低学生的学术能力，并警惕我们"不要一味地依靠技术"。如果我们做到了这点，未来一定会更好。此外，我们还需牢记，在教育领域最大限度地运用人工智能，并确保未来的教育体系朝着正确的方向发展，这是当下最重要的事。

第8章

未来的大学

在过去的 10 年里，世界各地的大学都承受着巨大的压力。但和未来 10 年比起来，这都不算什么。在优步（Uber）、亚马逊（Amazon）和爱彼迎（Airbnb）快速发展的时代，长期不变的大学学位毫无用武之地。在 2018 年 2 月的泰晤士高等教育亚洲大学峰会上，谢菲尔德大学的副校长基思·伯内特（Keith Burnett）曾说："人工智能和机器人技术的发展将给全球的大学带来巨大的竞争压力。"不到一个月，伦敦大学就推出了在线学位课程，不仅降低了学费，还开辟一个全新的在职学生市场。网络公司 Coursera 的前任总裁达芙妮·科勒（Daphne Koller）称，这只是这一革命的开端。线上学位不仅"实惠"，而且"门槛也不高"。虽然目前提供的主要是较小机构的短期课程，但据科勒预测，不到 5 年，就会有"很多名牌大学加入到这一行列中"。

大学为学生和政府提供的教育是否合格是我们这个时代最

大的一个问题。乔治梅森大学的布赖恩·卡普兰（Bryan Caplan）就认为当下的大学教育远远不合格。"教育领域那些最出名的成就其实根本就微不足道。"他写道，"我们办教育是为了丰富我们的社会和灵魂，但实际情况是，它一个也没做到。"卡普兰并不是学术界唯一一个这样认为的。《牛津大学史》一书的作者劳伦斯·布罗克利斯（Laurence Brocliss）也说过，在新技术的影响下，牛津大学迟早会变得"多余"，网络教育取代高等教育"只是时间问题"。那么，传统寄宿大学真的会就此终结吗？

为什么是大学？

大学是在第二次教育革命时代诞生的，因为宗教、法律、政府和实体经济都需要人们获取一些技能，而这些技能只能从讲座或书本中学到。印刷术发明之前，书籍只能靠手写和手工复制，教育自然只能在大学的学习中心和图书馆附近开展。因此，专业知识的传授只集中在少数地点，想要接受教育的学生必须亲自前去，还要和这些专家住在一起。这也是为什么大学现在面临生存危机的原因。

大学学位是学生接受一致和标准化教育的凭证。从理论上讲，不管是哪所学校、哪个专业，只要学生获得的学位相同，就意味着能力相近。但大学普及的速度太快了，里面难免良莠不齐，这就无法确保学位标准的统一性。过去，只要有大学文凭，就能在任何机构任教，还不用参加入职考试；但现在，有一个大学文凭只能说明你是个可塑之才，学习还远远没有结束。

1963 年，埃塞克斯大学的副校长阿尔伯特·斯洛曼在英国广播公司做讲座时说，大学主要有两个任务，一是教书育人，二是从事研究（他说这也是大学之所以为大学的原因）。斯洛曼强调了大学在培养"工业人才"上的作用，也强调了在培养"综合性人才"和提高"社会满足感"上的作用。这很有启发性。

同年，罗宾斯高等教育委员会也发表了一份报告。报告预测说，到 1980 年，大学的入学率将会翻一倍，从 7% 增加到 15%。在之后的近 50 年里，高等教育部门的数量又扩增了三次，但和 1963 年那些培育社会精英，尤其是男性精英的学校比起来，并没有什么区别。伊沃·克鲁（Ivor Crewe）是斯洛曼的继任者之一，他在埃塞克斯大学担任副校长，2009 年，他曾向大学提出过一些不可能达到的要求：希望"大学"能"传授给学生一些实用的知识，让他们把这些知识带到工作中去……大学应该成为所有公共服务最专业的培训机构……还要提高当地的中小学的标准和期望值……并扩大社会参与来促进社会流动"。从那时候开始，大学教育所面临的压力就一直很大。

2050年还会有实体大学存在吗？一旦人工智能革命到来，对实体教育的需求就会远不如继续教育。寄宿大学诞生于第二次教育革命期间，并在第三次教育革命期间蓬勃发展并迅速普及，但在第四阶段，它没有了存在的意义，虽然现在支持这种形式继续存在的因素还很多。实体大学是网络教学的中心，是它将专家和学生联系了起来，让无数学生从中受益。这样学生才能和颇有建树的学者们面对面交流，聆听他们的教导，从而增长智慧、提升自我，更好地思考自己的未来。等到毕业真正踏入社会的那一刻，他们就能更好地融入这个世界。这一切会被人工智能改变吗？

"大学之旅"

虽然目前还没有征兆。但2030年之前，数字化和人工智能一定会彻底改变大学的学术核心。"讲座"一栏在下图中是用深灰色表示的，因为大部分课程都将被替换掉。学生不再需要听老师在讲台上滔滔不绝，而是可以自由地选择时间和地点观看在线课程。课程的互动性也会增强，旧式的大课教学会被5~8人的学习小组替代，学生可以在导师的鼓励和指导下进行互动。当然，传统课堂依然会存在，但只有少数的老师可以驾驭。他们需要凭借自己的口才留住学生，让学生心甘情愿地花上整整一个小时来听讲座。这些老师将成为未来大学的

"明星"。

虽然未来的慕课技术会更加成熟，提供的远程教育课程也会更有价值、更为清晰，但线下的"研讨会"（Seminar）也将继续存在。当学生需要在线下进行学术交流时，实体研讨会就能为他们提供场所。佐治亚理工学院已经开始使用聊天机器人参与教学活动，这会使得教学人员减少。阿肖克·高尔教授在2016年说，有的学生甚至都不知道他们的助教吉尔·沃森不是人，而是人工智能机器人。

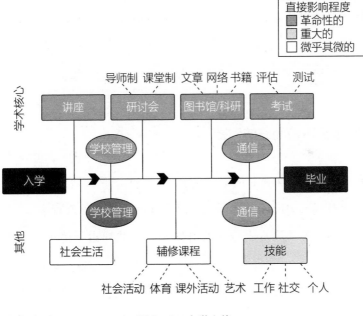

图 8-1　大学之旅

学生的研究也会受到影响。网络、虚拟现实和增强现实能为他们提供所有需要的材料和推导实验。STEM 的学术研究也将更多地在使用人工智能技术的高科技实验室中进行。"图书馆"将成为学习的中心，数字资料将取代纸质书籍，尤其是稀有书籍和珍贵档案。数字化之后，这些资料就不会因人为因素而损坏了。此外，当下的"考试"制度也会被彻底废除。

大学生活、社会生活、课外活动和技能培养能给学生带来很多好处，这是高等教育实体院校将继续存在的另一个原因。在很多人眼里，上大学最主要的目的就是学会社交和做人。在数字时代也是如此，这些好处对孩子的影响很大。但如果我们只靠"学术"因素来衡量学校的价值，那么这些"非学术"因素还能不能证明实体学校有继续存在的必要性呢？

21 世纪高校面临的问题

学生和老师进行线下交流的机会变少了，这是大学面临的一大挑战。2017 年的一项调查对全球的大学校长进行了采访，询问他们最关注技术带来的哪些影响，并列出了清单。主要包括：

1）负担能力——当下，教育的成本正在飞速增加，尤其是在美国。越来越多的人开始质疑：过去 50 年一直支撑着寄宿大学的经济模式究竟在未来还能维持多久？

2）保持质量——未来25年，非洲、印度等国家和地区的高等教育规模都将明显扩大。但问题是，他们能确保为所有学生提供高质量和个性化的教育吗？

3）自治挑战——即使在英国，大学也开始越来越多地受到政府的监管，这是政府投资教育的条件。可一旦教育的自治权被政府掌控，就很难维持教学的质量和学术自由。

4）保持国际化——世界上的中等收入人群越多，对高质量教育的需求也就越多。但民族主义的崛起，对国外教育的怀疑，以及当地大学质量的提高，都会导致美英留学生的数量大幅下降。

5）直接就业的吸引和人文教育的衰落——越来越多的政府和学生认为，上大学并不是为了接受全面而纯粹的教育，而是为了找工作。如果大学只被看作是通往工作的垫脚石，那么直接就业就会变得越来越有吸引力。大型公司将直接为中小学毕业生提供在职教育，这样孩子就没有上大学的必要了。

6）心理健康——虽然全世界的人都越来越富有，但学生的心理疾病日渐增多，不快乐指数也在上升。大学常常会因此倍受指责，尤其是有学生自杀的时候。但事实上，要想知道一个18岁的孩子有没有心理疾病，光靠大学是不行的。这一问题没什么简单的解决办法。大学借口说这些学生并没有接受过正规的治疗，专家又不愿意来学校做辅导，而且有的国家明令禁止大学与家庭直接进行沟通。但这只是我的个人观点。在这一问题上，大学必须付诸行动，尤其是需要营造有利于心理健康的环境。宾夕法尼亚大学的马丁·塞利格曼教授和马萨诸塞大学医学院的正念专家乔恩·卡巴金（Jon Kabat-Zinn）一直在做这件事。澳大利亚莫纳什大学首次在医学和其他学科引入了"正念"教学的理念。数据分析可以被创造性地应用于帮助学生提早知晓情况。例如在开学第一周不参加任何活动的新生未来就可能会出现问题，而数据分析可以提前诊断出这些问题。

7）终身教育——在职的人也需要学习新技能，这点是肯定的，而且他们还很可能会转行。中老年教育会逐渐普及，大学也将不再是18～22岁的人的专属物。所有年龄段的人都有权利接受高等教育。

8）教学质量与学生需求——为了满足学生不断增长的需求，大学必须提高教学质量和科研质量，这给它们带来了很大的压力。美国1905年成立的卡内基教学促进基金会和英国的高等教育学院，能为学校加强教学质量提供帮助。

第四次工业革命：未来公司需要的技能和素质

德国工程师兼经济学家克劳斯·施瓦布是瑞士达沃斯世界经济论坛的创立者，也是他首次提出了"第四次工业革命"的概念。2016年，他出版了《第四次工业革命》一书。同时，

"掌握第四次工业革命"也是 2016 年达沃斯年会的主题。施瓦布说，第一次工业革命发生在 18 世纪和 19 世纪的欧洲和美洲。蒸汽机的发明让农业社会逐渐走向了工业社会和城市社会。第二次工业革命发生在 1870 年至 1914 年，人们发明了电话、灯泡和内燃机。直到 20 世纪 80 年代，第三次工业革命才在信息通信技术革命和互联网的推动下缓缓拉开序幕。

在施瓦布看来，第四次工业革命为我们带来了人工智能、机器人、量子计算机和物联网。它和前三次工业革命完全不同，前三次都是以技术进步为特征的，但第四次工业革命却会对政府、企业和各类组织都产生重大影响，因为这些机构之间都是相互关联的。

第四次工业革命就意味着第四次教育革命。首尔大学前任校长吴然天（Yeon-Cheon Oh）和许多人一样，都觉得大学必须在第四次教育革命的影响下做出改变。越来越多的人认为，大学需要花更多精力来培养学生的就业技能，尤其是那些人工智能和机器人无法代替的技能。这些技能都包括什么呢？

1. 创造力

关于机器能多大程度上地实现创造性思考这一问题，学者们一直争论不休。但不可否认的是，在国际象棋和围棋比赛中，具备创新思维的机器人都已经成功地击败了人类冠军。每个人的创造力都略微不同，需要靠大学和中小学来进行培养。

正如麻省理工学院的学者埃里克·布莱恩约弗森（Erik Brynjofsson）和安德鲁·麦卡弗森（Andrew McAfee）曾写过一本书——《第二次机器革命》，书中写道："我们从未见过真正具有创造力的机器，也从未见过具有创业或创新精神的机器。"创造力是人类独有的，但也不是人人都有——学生的创造力需要大学教育来激发。不管是为了就业工作，还是为了他们自己，毕业生都需要一种创业的心态、积极的心态。

2. 社交能力

机器当然可以模仿人类的情感，但它永远也不可能感知情感。社交能力是需要培养的，未来的大学需要在这方面给予充分的重视。牛津大学的卡尔·弗雷（Carl Frey）和迈克尔·奥斯本（Michael Osborne）曾表示："虽然算法和机器人目前可以完成一些社交互动，但还是很难识别出人类的自然情感。要让他们对这些情绪做出回应就更难了。"牛津大学马丁学院前院长伊恩·戈丁（Ian Goldin）的观点很明确：机器"不可能具备那些人类特有的素质，也就是爱、情绪和情绪反应"。STEM、社会科学、人文科学和其他所有学科的毕业生都需要在大学里有意识地培养自己的人文素质。

3. 伦理道德选择

目前评估教育成果的标准只有考试，这在一定程度上否定或是淡化了道德教育的价值。但良好的道德和品格才是良好教育的基础，或者说它们应该成为良好教育的基础。做出道德选择是人类的本性，也只有人类才有权决定未来其他人、动物和地球生存的伦理问题。人文学科不能像科学一样给学生提供准确的答案，甚至社会科学也不行，但塑造人类的价值观才是人文学科最重要的目的。尤其是当下，大学更愿意开设"实用"的课程，这给人文学科带来了很大的威胁。所有学生都应该接受伦理道德教育，使性格和智力共同发展。

4. 灵巧性

机器人正变得越来越灵巧，也越来越逼真，但它们是否能完全复制人类的技能和熟练程度，这点还有待商榷。当然，我们也不希望它们这样做。我们并不想去体育场看机器人比赛，也不想被机器人在战争中决定生死，就算他们是对的，我们也不想看到它们代替我们照顾年迈的父母和孩子。在第三次教育革命中，大学常常会忽视对学生的身体素质教育，但现在必须重视起来。身体既是机器，又不是机器。我们需要教给学生身体的工作原理，教他们如何与身体做朋友，如何把身体与思维联系起来。第4章我们就提到过，如果人类只看重心智教育，就会忽视对身体的关注。而心智并不是最重要的。

未来毕业生从事的工作有哪些？

我们自始至终都认为，教育只有全面培养学生的各种能力，才能帮他们在未来过上幸福的生活。但未来的工作到底是什么，大学应该培养什么样的年轻人呢？目前，大学和中小学一样，都束缚于固定的教学方式，不能对课程进行及时的调整。很多学者都在论文里提出过这一问题，但都没有得出结论。其中就有理查德·萨斯坎德和丹尼尔·萨斯坎德所写的《人工智能会抢哪些工作》。以下是他们的观点：

"机器的能力越来越强，承担的任务也越来越多。其中有很多都是以前人类专家做的事。虽然未来还会出现新的工作，但这些工作很可能靠机器就做完了。短期来看，至少在20世纪20年代之前，人们都不会失业，只是需要重新培训、重新安排岗位。但从长远来看，我们必须面对一个现实，就是对传统体力行业的需求将大幅下降。"

专家的意见为这一结论提供了说服力。2013年，牛津大学马丁学院的一项著名研究表明：在接下来的20年里，美国有将近一半的就业岗位会面临数字化的威胁。麦肯锡和普华永道的研究也表示，有一半的工作岗位会在20年内消失。

英国公共政策研究所2017年发布的一份报告显示的结果同样不容乐观。报告显示，未来，数字化将消灭英国三分之一的就业岗位，尤其是在英格兰东北部和爱尔兰东北部这些贫困地区。凯利斯·罗伯茨（Carys Roberts）是这一报告的作者之一，他说："未来，有些人会加薪，也有些人会被困在工资低、生产率也低的行业。要想抑制贫富差距的扩大，政府必须想办法扩大资本所有权，确保每个人都能从自动化革命中受益。"报告指出，风险最大的行业主要是农业、运输业、食品加工业和行政行业。此外，女性失业的风险也比男性要大。这让职场中人很难接受。2017年，《天空报》经济版块的编辑埃德·康韦（Ed Conway）曾写道："很明显，英国正在以牺牲本国工人的利益为代价为机器人铺路。"加拿大皇家银行人工智能部门的负责人菲奥蒂·阿格拉（Foteini Agrafioti）也表示，机器人"要想拥有人类的高级智慧，还有很长的路要走"。而会计、银行、放射医学、法律、新闻这些行业的人类智慧，显然已经受到了人工智能的威胁。

但并不是每个人都很悲观。经济合作与发展组织（OECD）于2016年发布的报告就没那么耸人听闻。该报告称，在21个经合组织中，只有9%的工作会实现自动化。研究发现，数字设备无法模仿人的创造力，也无法进行社交和处理微妙的人际关系。但2018年4月，OECD又再次陷入迷茫，声称发展中国家将会有近6600万名工人面临失业问题。经济学家汤米·斯达宾（Tommy Stubbing）对此很愤怒，他写道："所有的研究都在坚定人们的一个信念，就是即将到来的技术革命会让数百万人丢掉工作……但人工智能应该是个欣欣向荣的行业才对。"

2018 年，牛津大学马丁商学院与培生公司和雀巢创新基金会展开合作，编写了一份报告，重点关注数字和人工智能技术可能创造的岗位，而不是可能威胁到的岗位。它向之前那些"危言耸听"的言论发起了挑战，"这些言论助长了人们规避风险的想法，阻碍了技术的运用、创新和发展"。报告称，对"英美这些已经面临产业结构性变革的国家"来说，保持乐观的心态是很重要的。最后，该报告总结了未来公司可能需要的一些素质，分别是：判断力和决策力、思想流畅度、学习主动性、系统评估能力、独创性、学习方法、演绎推理能力、解决难题的能力，以及系统分析监测的能力。

对未来保持乐观态度是对的，但我们也必须认清现实。我们担心的不仅仅是工作的数量，还有工作的性质和质量。如果学生在校时学习非常努力，毕业后却发现所有需要智力的工作都被计算机做完了，他们就会很难获得成就感。对于这一问题，我们在后几章还会谈到。我们不相信人类会愿意在一个无所事事的世界里生活，虽然很多人都天真地以为，未来我们每个人都会有基本收入，还能享受梦幻般美好的生活。

而最应该引起大学注意的，是它们有必要重新考虑一下学生的培养模式。向职场输送人才是大学的办学目的之一，即使在只提供学位证书的大学也是如此。哈佛大学的大卫·戴明

（David Deming）在 2015 年就提出过这一点。他发现，1980 年后，美国新增加的就业岗位基本都是需要强社交技能的。因此，除了认知技能，我们还需要培养学生的人际交往能力。但工厂模式的传统教育依然存在，在这些学校里，认知技能的培养才是最重要的，学生的人际能力根本得不到开发，虽然在认知方面，人类永远都超不过计算机。解决这个问题唯一的办法就是开展"反人工智能"或者说"反机器人"的高等教育。

"反机器人"的大学教育

约瑟夫·E. 奥恩（Joseph E. Aoun）是美国东北大学的校长。关于人工智能时代大学需要做出的调整，他思考得比许多大学的领导都要深刻。正如他所写的那样："要想让毕业生的工作不受机器人的影响，高等教育机构就必须重新规划自己的课程。"在奥恩看来，这意味着大学需要向学生提供更多的"人文学科"，目的是培养人类特有的创造力和灵活性，发挥人类"与生俱来"的优势，让学生能在这个"智能机器和人类专家共同工作的劳动力市场中竞争"。

他解释说，人文学科具有"双重性质"。一种是"新文学"，只有读写能力或只有计算能力还远远不够。今后，大学需要培养学生的"数据素养"，帮助学生阅读、分析和利用海量的数据信息；还需要培养学生的"技术素养"，让学生掌握编码和工程原理，这样才能理解数字设备是怎样运转的；最后，还需要培养学生的"人文素养"，传授学生人文、设计和沟通的知识，以便让他们更好地理解人类社会，为人类造福。

人文科学的另一种性质是"认知能力"，也就是更先进的心理技能、思维模式和看待世界的方式。这需要四种技能。一是"系统思维"，也就是能从整体上把握企业、设备和课题，并综合考量它们的价值；二是"创业精神"，也就是能在工作和经济领域运用创新性思维；三是"文化敏感"，这能教学生在复杂的全球化环境中表现自己，理解不同的文化和不同的人；四是"批判性思维"，这是拿到国际学士学位（IB）的关键，它能提高学生理性分析的能力和辨别的能力。

奥恩希望能为未来的世界培养终身学习的人。到 2025 年，地球上将有 80 亿居民，他们对生活的需求和期望都各不相同，但"我们可以预测，计算机、机器人和人工智能将更紧密地融入我们的个人和职业生活中"。他认为，高等教育对此承担着独一无二的责任，它有义务帮助学生，甚至帮助全人类去适应这个新世界。

我们不知道 2030 年的大学会是什么样子，但奥恩提出的"人文学科"告诉了我们有哪些技能是当下的大学（甚至中小学）需要提高的。当然，我们还有些其他的建议。

推动高等教育变革的是什么？

2015 年年底，《泰晤士高等教育》（*Times Higher Education*）进行了一项著名的调查：邀请各大学的专家想象 30 年后某一行业的未来。在 7 名受访者中，只有 1 名受访者提到了人工智能对未来的重大影响。这一领域有几个人很有远见，比如英国阿斯顿大学的海伦·希格森、诺丁汉大学的凯瑟琳·奥马利（Catherine O'Malley）和南安普敦市大学的温迪·霍尔（Wendy Hall）。但很多时候，领导和学者都对人工智能革命的到来视而不见，因为他们要解决的棘手问题实在是太多了。我们对此深表同情，但高等教育和中小学决不能坐以待毙。推动变革的因素至少有以下三个。

1. 科技

慕课和在线讲座只是冰山一角。和中小学一样，人工智能算法和自适应学习才刚开始为高校学生提供个性化学习。这项技术能洞察每名学生的思想、学习偏好和动机，让他们从个性化的材料和指导中获益。虚拟现实和聊天机器人能评估学生在课堂上的表现，也能直接和学生一起工作，还能在遇到困难的时候为他们指点迷津，帮他们找到最好的学习方法。新媒体联盟在 2017 年发布的"地平线报告"中指出，这些技术将"以更直接的方式与学生互动"，从而提高教学质量和科研质量。温迪·霍尔强调，数据处理和存储能力的提高能帮我们"建立起能学习和独立思考的智能系统"。

2. 对大脑学习的深入理解

我们了解学生的学习方式、大脑运作方式和教学优化方法的速度越来越快。芬兰教育家帕西·萨尔伯格（Pasi Sahlberg）认为，阻碍人工智能普及的不是技术，而是"我们不知道什么才是好的教学"。斯坦福大学的丹·施瓦茨（Dan Schwartz）和坎迪斯·蒂莉（Candace Thillie）也曾表示："到2030年，科学会更好地理解人类的学习机制，从而创造出更好的学习环境。"神经科学、神经学、精神病学和心理学的发展能帮我们更好地了解长期记忆和短期记忆的形成机制，以及大脑如何更好地接收信息和提高思维效率。大脑这台计算机可能很复杂，也可能很简单：新教学法的突破能让未来的电脑更加契合未来的人类思维。

3. 人工智能和自动化对就业的影响

悉尼大学副校长迈克尔·斯宾塞一直在呼吁大学教授学生"操作机器"，希望能通过教学来解决问题。他建立了一个多学科的团队来重新规划大学课程，希望大家能齐心协力地应对现实生活中的挑战。"机器不可能有良好的创造力、人际交往能力和横向思考能力，这些都是学生需要培养的技能。"他没有低估教育转型的难度，阻碍来自尤其那些一心只想让孩子取得传统学位证书的家长。他把这些学科称为"桌椅学科"，目的是"培养孩子的动手能力"。开放大学的迈克·夏皮斯（Mike Sharpies）也认为，大学应该培养孩子的这些技能，同时还应该培养孩子的全球意识和技术意识。他们需要帮学生弄懂未来人工智能系统的操作原理。"目前有一些大学正在这样做"，他说，"但还找不出哪所大学做得比较全面。"

未来大学的类型

未来 25 年，在金融、社会，尤其是在技术变革的压力下，大学将变得更加多样化。人们试图用 1973 年发明的"卡内基高等教育分类法"对美国的大学和学院进行分类。美国所有授予学位的大学和学院都被分为以下几类：授予博士学位的大学（重点做研究），授予硕士学位的大学（重点培养硕士，同时做些研究），授予学士学位的大学（重点培养本科生），附属学院（最高拿到副学士学位），特殊培养机构（只提供一个领域或相关领域的学位），以及"部落学院"（美洲印第安人的高等教育联盟）。

墨尔本大学前任副校长格林·戴维斯（Glyn Davis）提出了一个更加国际化、更有前瞻性的大学分类法。其中，"影响力大学"指的是具有国际化视野的大学，能研究和解决每个国家甚至世界面临的重大问题。"敏捷大学"指的是拥有丰富的人工智能和数字技术资源的大学，这类大学致力于应用研究，能提高学生的竞争力。"顾问大学"则专注于就业市场，主要服务于各类组织，为他们提供专业咨询、教育、研究和创新策略，以提升其业绩。最后一类是"社区"大学。这类大学不在乎什么国家和国际排名，主要为当地的学生和企业服务，目的是帮他们站上国际舞台。卡内基和格林·戴维斯的分类法都很有用，尤其是后者。面对人工智能和在线学习的兴起，面对全日制学生寄宿数量的下降，面对非全日制和继续教育学生数量的增加，还有速成学位数量的增加，以及攻读特定课程而不是完整学位课程的学生人数的增加，大学必须做出一定的调整。

当下的教育机构主要分为六种。

1. 国际大学

来自全球的 100 多所顶尖大学组成了一个高校联盟，其中有 10 所左右来自英国。这些高校在国际上激烈竞争，希望能吸引世界级的学者和最有能力的科研人员。他们联系密切，把研究作为重点，解决了很多的国际问题。对那些既有能力又喜欢独立学习，还希望能接受前沿教育的本科生和研究生来说，这些学校具有很强的吸引力。他们将成为真正的精英学校，拿到大量的全球科研经费，对其所在国家，甚至全世界都会产生巨大的影响。这些学校的毕业生也往往会被高薪聘请到国际企业中工作。

2. 国立大学

这类大学吸引的主要是所在国国内的学生和教职工。在校师生会从事很多的科研项目，但和国际大学比起来，学校还是更侧重于本科和研究生教育。当然，学校也会有大量的博士生。政府会给这些大学投入大量的研究经费，并与他们密切合作，以解决大家关心的问题。

3. 地区大学

地区大学在当地的经济、文化和社会生活领域发挥着非常重要的作用。他们与当地政府、当地企业以及当地有影响力的单位之间的联系十分密切。和国际大学、国立大学比起来，地区大学的科研项目要少得多，教学才是他们的重点。

4. 职业大学

职业大学只为特定岗位提供职业培训，主要包括法律、金融、会计、医学、建筑、军队和警察等，大部分职业大学都只有一个专业。他们会教授本科和研究生课程，但很少做研究，除非有人资助。今后，还会有越来越多的大企业开始在公司内部办"大学"，为员工量身打造培训课程。企业颁发的资格证书如今越来越多，例如思科认证网络工程师（CCNA）和微软认证系统工程师（MCSE）。

2016，英国工程师兼发明家詹姆斯·戴森（James Dyson）宣称，由于缺乏工程师，他将成立一所私人大学来专门培训工程师。据说，苹果公司正考虑要建一所大学。此外，捷豹路虎（JLR）也想过这个问题。毕马威会计事务所则已经开始了和英国伯明翰大学、埃克塞特大学以及杜伦大学的合作。有人关心：如果教学的内容和质量都不由大学决定，而由老板决定，那教育的质量会不会受到影响呢？昆士兰科技大学的副校长阿伦·夏尔马（Arun Sharma）就对印度这类高等教育的爆炸式增长十分担忧。他说，企业"会取代大学，成为质量和信誉的担保人"。

5. 数字大学

"数字大学"并不能为学生提供实体教学，修建实体总部也只是为了行政方便，就像英国的开放大学那样。虽然传统大学提供的在线课程越来越多，这会在一定程度上遏制了数字大学的增长，但数字大学的数量依旧在不断上升。

6. 地方大学

地方大学将会和继续教育学院合并，但不再搞科研项目了，也不会提供很多的研究生课程，而会把重心放在职业教育、基础课程、实习项目、短期课程和资格证书上，这主要是为了满足那些有职业发展需求的人，对该领域感兴趣的人，以及想终身学习的人。人口超过 5 万，甚至 10 万的城镇都会有自己的地方大学，小一点的城镇也会有。这些大学会和当地的中小学、学院、企业、第三部门以及社会服务机构密切合作，提供大量的教师培训、技能培养和成人教育课程。

第二代和第三代大学的解体

第四次教育革命将对欧美的寄宿制[⊖]大学产生深刻的影响。25 年后，中世纪学者认可的索邦大学、牛津大学和哈佛大学很可能都已不被认可。随着人工智能的普及，图书馆、科研和考试制度也将发生翻天覆地的变化。虽然我们还无法对在线研讨会和慕课做出准确地评估，但他们一定会在新技术的推动下发展壮大。那时，传统大学的教学楼还将继续存在吗？

1. 没有实体教学楼的北安普敦大学

北安普敦大学在英格兰中部建设的新校区被内部人士称为"英国最激动人心的高等教育项目"。这一项目的核心理念就

⊖ 寄宿制是大学住宿制度，在英国牛津大学和剑桥大学中最早建立。与其相对的是走读制。——译者注

是"混合式自主学习"。学生在参加研讨会之前，会运用数字学习技术来实现课堂"翻转"。教学主任亚历桑德罗·阿梅利尼（Alejandro Armellini）声称，这是为了适应"学科知识、自主学习和数字技术的发展"，使学生不管在实验室、研究室、工作室还是其他场所，都能主动学习。新校区完全没有修建传统意义上的教学楼，因为学校认为 21 世纪的教育已经不需要实体教学楼了。此外，学校也没有必要修建老师的办公楼。教职工将不再有单独的办公室和办公桌，他们只能用公用的办公桌和储物柜来存放私人物品。就连副校长尼克·佩特福德（Nick Petford）也是在一个开放式的办公室里办公。他说："这引发了很多教职工的不满，但这就是我们大学的管理模式。"

斯坦福大学的校长约翰·轩尼诗（John Hennessy）认为，2012 年到 2015 年的慕课热潮满足不了人们对教育的高期望，但未来，"翻转课堂"一定会借着人工智能对大学产生巨大的影响。他认为，"我们现有的数据……很好地证明了翻转课堂的有效性"。在他看来，这一方法可以帮大学节省将近15%的开支，因为我们已经不需要修建传统的教学楼了，只需要为学生提供讨论、做演讲和放电影的小规模场所即可。当然，大学还是应该修一个大礼堂，主要是为了举办典礼和进行"明星"讲座。以实体课堂教学为主的大学教育时代已经快要结束了。

2. C 校园和双边/三边学位

2012 年，清华大学和墨尔本大学联合开展了一个虚拟大学合作项目，并在 2014 年推出了第一个合作型管理硕士学位。字母"C"的含义很广泛，既可以代表云计算（Cloud Computing）和网络创新（Cyber Innovation），又可以代表跨学科（Cross- disciplinary）和合作项目（Collaboration）。这一项目就是指"在不提供实体学校的情况下，借助最新的数字技术，让各领域的学生学者走到一起"。墨尔本大学的副校长西蒙·埃文斯（Simon Evans）表示，数字技术"能让两地的学生直接进行交流。这样，两所大学之间就只剩下了 2 小时的时间差，而不必花 12 个小时坐飞机了"。

PluS 联盟是由三所大学的领导人发起的，分别是亚利桑那州州立大学凤凰城分校的迈克尔·克罗（P）、伦敦国王学院的埃德·伯恩（Ed Byrne）（l），以及悉尼新南威尔士大学的伊恩·雅各布斯（Ian Jacobs）（uS）。这些大学在卫生、正义和可持续发展等全球问题上建立了合作关系。未来，将会有更多的大学结成类似 C 校园或者 PluS 联盟的合作关系。随着技术成本的降低和效果的提升，大学之间的交流会变得更便捷、更高效。

3. Udacity 公司推出的虚拟学位——"纳米学位"

Udacity 公司开创了未来的另一种可能。该公司推出了一款自动驾驶汽车工程的"纳米学位"——学生可以在线学习整个课程，上课的老师也不再是大学的学者，而是汽车行业的工程师。

公司有意识地绕过了传统的高等教育课程，让学生不必直接进入职场。这样，公司就能通过与学生的交流发现他们所缺乏的能力，进而调整课程对他们进行培养。如果像 Udacity 这样的公司既能确保本科生的就业，又能让他们拿到和本科学位相匹配的资格证书，那么这一类高等教育就一定会迅速发展。

4. 区块链大学，一人大学和沃尔夫大学

区块链技术是虚拟货币的核心，它在高等教育领域也有所运用。该项技术可以准确地记录学术学分，还能监管学校的合同和教育支出。2018 年 3 月，世界上第一所"区块链大学"正式成立，被誉为"学生的优步（Uber），学者的爱彼迎（Airbnb）"。这所大学名为"伍尔夫大学"，它没有实体校区，只有一个应用程序供学者向未来的学生出售知识。该学校希望能在牛津大学和剑桥大学学者资源的基础上组建几所虚拟学院。第一所就是安布罗斯学院，该学院有 30 名学者，其中大

部分都曾在牛津大学任教。伍尔夫大学希望能在 10 年内取得正式授予学位的资质。但是格雷林（Grayling）2012 年在伦敦创办的基于类似想法的大学——"人文新学院"（New College Of The Humanity）却引起了人们的愤怒。这表明，英国民众并不愿意对高等教育进行彻底的改革。

区块链技术擅长收集学生的各种成绩，给未来的老板提供一份可靠的个人贡献记录。这比第三次工业革命时期的个人推荐信要详细得多，也可靠得多。学生可以靠着区块链组建自己的个人档案，开辟一种新的"混合"选课模式。也就是说，学生可以从世界各地的大学获得不同课程的学分。和只在一所大学就读比起来，这样培养出来的学生会更上进，也更聪明。

开放大学的"知识媒体研究所"（Knowledge Media Institute）率先采用了这一教育模式。该研究所的所长约翰·多米诺格（John Dominggue）一直在研究这项技术，希望能让未来的学生享受到"比当下的大学更先进的"教育。他把这类大学称为"一人大学"，取消了去大学上课这个中间环节。他说："如果能在网上听蒂姆·伯纳斯·李（Tim Berners-Lee）讲课，一定会让人印象深刻。"2016 年，麻省理工学院发布了一款区块链软件。这款软件未来有可能会具备颁发学位证书的资格。"混合"选课模式也将被运用到学生的选课系统中，学生可以自己规划自己的课程，"设计"新的跨学科教育。目前，奥地利已经采取了这种培养模式。当然，这一"激进"的模式目前尚处于早期发展阶段，毕竟现在的学生和父母都很"保守"。但话说回来，该模式的确对现有的大学教育构成了威胁，也指出了一些值得探索的问题。

5. 没有大学

我们还可以设想另一种未来：既没有虚拟大学，又没有实体大学。埃里克·库克（Eric Coke）曾是南安普顿大学的计算机科学家，据他预测："15 年后，我们可能连学生都没有。"因为不到 15 年，计算机的效率就会提升 1000 倍，就业市场也会不断发生变化。他说，机器人已经学会了如何在人际交往中表达情感，甚至能"比大多数人更好地表达善良和关怀"。此外，他还提到了麻省理工学院成立的"情感计算小组"，而这个小组正在研究怎样让机器人理解人类的情感。在他看来，美国 IBM 公司推出的"沃森"机器人就是一个很好的例子，这款机器人回答问题的能力正在逐渐增强。这似乎在警示我们，如果政府"还不清楚当下我们需要做什么，人类就很可能会成为信息革命的牺牲者"。他说得很直接："大学和学者都将成为历史"。

当然，这在第四次教育革命中是不会发生的，但在第五次教育革命中就不一定了。

智能大学

大学不会消失，但一定会彻底改变。未来的大学主要分为以上几种类型，每一种都融入了"智能"的元素。其中包括：教学对人工智能的依赖，对课程广度的重视，对 21 世纪技能培养的重视，等等。此外，无论是医学、法律、商业、建筑还是 STEM 的学生，都需要接受人文社科教育；反过来，人文学科的学生也需要学习科学和数学。环境和文化会为人文教育、精神教育和艺术教育提供支持，学校的重心也会偏向于学生的身心健康。那时，下至 18 岁，上至 120 岁的学生都能开心地享受教育。大学关注的也不仅仅学生的心智，还有其身体、好奇心、想象力和心灵的培养。对于非常规、小规模的研究、学位课程和国际合作，大学非但不会排斥，反而会更加鼓励。最后，为了更好地认识人类和全球面临的问题，学校也会更加重视跨学科的科研工作。

第四次教育革命时代的大学，在经历了第三次教育革命的坎坷之后，终将重获其在历史上最重要、最受尊敬的地位。

第9章

人工智能给教育带来的好处、机遇和风险

我们总是对未来充满想象。往者不可谏，来者犹可追，有行动力的人往往对未来很感兴趣。那么，他们是如何对未来进行预测，又是如何根据个人和社会需求来改变历史进程的呢？

人工智能的出现和它所带来的机遇让具有创造思维的人们几近疯狂。超人类主义、死亡疗法，这些科幻小说里的情节都不再是异想天开。而不管我们能不能实现、想不想实现，在那之前，人工智能都早已开始重塑社会和教育，一步一步地向前迈进了。

只要使用得当，人工智能就将带来很多好处，但它也会带来重大风险。具体都有些什么呢？

第四次教育革命的好处

让我们来看看人工智能是如何解决工厂教育模式的五大局

限性的。

1. 社会流动性

由于学生的先天能力差异很大，教育领域对学生的期待值并不会很高。从家庭生活的最初几周和几个月开始，这种差异就在不断扩大，而不同的学校经历更是加速了这一过程。将普通大学和名牌大学比较，我们就会发现：学校的师生比例，教师的素质和经验，课上的行为和动机，学习的进度和目标，每名学生的学费以及学校与家庭之间的交流等，全都存在着很大的差异。

其中，差别最大的就是教学质量和班级规模这两块。通俗地说，人工智能可以为所有学生提供"伊顿"式（英国著名贵族中学）的高质量教育。首先，就读于人工智能学校的孩子不需要在30人以上的教室里上课，这会忽视学生的个人需求，而是进行一对一学习。学生还是会被分到不同的班级，班内有10个、20个，甚至30个孩子，但每个学生都能享受个性化的学习计划。每天，他们都会花一些时间来使用计算机或者听音频，全息投影技术也会将知识及时投射在屏幕上供他们学习，而根本不需要专门教学的机器人。屏幕和全息图就是学生的个性化老师，它了解学生的思想，能按照最合适的速度为他们单独授课，还知道如何激励他们，了解他们什么时候会疲倦，什么时候会注意力不集中，好把他们拉回到学习中。这些

"老师"的教学能力都很强，和世界上任何学校、任何班级里最优秀的老师比起来都毫不逊色。此外，人工智能的老师还能全面掌握每个学生的情况，熟知他们学习的难点和心理的状态，确保他们到年末都不会忘记这一年所学的知识。

教师和助教（可能是机器人）则需要在课堂上监督每个孩子的学习状态，掌握"全班"的学习进度，让他们该提问的提问、该讨论的讨论。此外，还需要组织课内外的实践活动。因此，新的人工智能技术能帮助学生更快地进步。最好的教师和最小的班级也不再是少数人的特权，而是世界各地具有不同背景的孩子都能享受到优质的教育服务。

2. 不分年龄分阶段

工厂模式下，学生每年九月都会升一个年级。这种模式不利于学生按照最佳的速度学习。课讲得慢，学生就会厌倦；讲得太快又跟不上，很容易挫伤他们的学习信心和动力，不敢向老师提问或寻求帮助。但随着第四次教育革命的到来，每个孩子都能按照自己的节奏进行学习。人工智能可以在学生想更快进步的时候加快教学进度，并在他们疲倦或不适的时候放缓节奏。它很清楚学生的状态，知道最佳的鼓励方式，所选的材料也最契合学年里每一天所学的知识的。如果课后学生还想在家学习，人工智能也能做到。最好的老师一定会知道每个学生每天都需要什么，但在第三代教育模式下，他们根本没有时间给予学生应有的关注。

3.增加教师的空余时间

人工智能设备减轻了教师的负担，让他们可以花大量的时间和精力在学生和教学上。人工智能将为每位学生选取适合的教学材料。学生缺席或分心时，它也能及时地检测到并启动相应的后续程序。此外，它还会不断对学生的学习进度进行监测和评估，在中央寄存器上记录他们的分数和表现，确保父母能充分了解子女的学习状况，同时将数据提供给学校领导和政府相关部门，确保学习的进度。有了人工智能对学生进行评估，教师就不必再在练习册或工作表上给同学打分了。要是学生的学习任务没有完成，它还能及时地发出提醒。人工智能卸下了数百年来缠在教师身上的行政负担，让他们能去做更有意义的事；还让教学变得更有吸引力，更有成就感，也更有激情。这不仅能降低教师的辞职率，还能招来更多的好老师。

4.扩宽智力教育的范围

在工厂的教育模式下，中小学和大学都只专注于人类智力发展的一小部分。当然，也有机构可以为孩子提供更加丰富的教学内容，像情感发展、体育锻炼、艺术培养和道德熏陶等，但这些机构往往只有家庭条件好的学生才上得起。毫无疑问，这些孩子在生活中拥有更好的学习机会。他们只要涉猎广泛又小有成就，就很容易获得上司的青睐，这样精英阶层就被固化了。

人工智能为学生们提供了更加丰富多彩的知识，能更好地提升每个孩子的认知能力。只要加快课堂上进行语言和逻辑教学的速度，就能为学生腾出更多的时间和精力来开展其他活动。而当下，学生必须在规定时间内完成课程任务，因此很难腾出其他时间来开展其他项目，至少在第三代教育模式下，时间是永远不够用的。游戏、音乐、戏剧、舞蹈、创意写作、绘画、艺术史、阅读、哲学和志愿服务，这些课程都将在未来的中小学和大学中大放异彩。

人工智能在学生的"多元"智能培养上起着重要的作用。学生会有更多的时间和机会来增强道德意识，丰富自身情感，还能培养个人爱好。这项技术还能测试学生的思考能力和反应能力，因为他们可能不愿意在课堂上当着全班同学的面这样做。人工智能设备还能提升他们的个人智能和社会智能，增强他们的自信，让他们更出色地与世界相处。创意智能，也就是艺术和体育的培养，则主要靠的是学生间的肢体互动。而它们的理论基础，像锻炼、舞蹈编排、运动技巧和音律和弦这些，都将在人工智能的帮助下大大提高。

5. 个性化而非同质化

工厂模式下的传统教育有一个设想之外的副产品，就是学生的同质化。这是由于学生享有的是同一套知识体系，独立思考的空间很小，考试也往往只是寻求一个唯一的标准答案，对就是对，错就是错，几乎没有个性化的可能。中小学教师和大学的讲师都希望能关注到每一位学生，但时间不允许他们这样做。学生很清楚，要想在课上取得进步，就需要给出"正确的"答案，而不是"自己的"答案。

第四次教育革命改变了这种束缚学生个性的教学法。在数学、物理这些学科中，标准答案仍然存在，算出标准答案的方法也是固定的，学生必须学；但在社会学科，尤其是人文学科方面，人工智能让学生有了说出自己想法的机会。中小学生和大学生可以有更多的时间和机会去探寻自己的看法，也有了更多的时间和机会去倾听别人的想法并做出反馈。这和工厂模式完全不同。工厂模式下，学生的大脑早被知识塞满了，根本没机会反思自己。理性和智力固然重要，但并不是全部。在这个新时代，我们将会有更多了解自己、认识自己的机会，并在生活中发现更多的意义和乐趣。

除了能解决第三种教育模式的五个局限性，人工智能还有另外 5 个好处。

1. 激励学生

为什么学习不能像玩电脑游戏一样充满乐趣和挑战呢？为什么很多学生都觉得学习是一件苦差事，而玩游戏就很享受呢？

在过去的 25 年里，电脑游戏制作得越来越复杂，也越来越能开发学生的智力。科技企业家兼游戏设计师简·麦格尼格尔（Jane McGonigal）希望能更好地对游戏进行推广：早在2010 年，她就提出，游戏能开发年轻人的思维。教育领域应该接受它，而不是让它成为老师和家长眼里的障碍。学生在玩游戏时可以更好地互动，拓展他们在历史、地理、文学、心理学等课程中学到的知识。在教育领域，教师一直觉得只有书本和杂志才能辅助教学，而游戏不仅毫无价值，还会分散学生的注意力。但事实上，无论男生女生，游戏都可以激起他们对课程的兴趣。

未来的游戏将越来越多地为学生提供私人定制服务，会比现在的游戏更复杂，也更能增强学生学习的价值和回报。新技术能确保每个科目的游戏都能挑战学生的极限。我们曾以为工作和游戏之间具有巨大的鸿沟，就像是冷战时期划分东西方的铁幕一样，但这种想法已经快过时了。

2. 激励教师

一般情况下，即将退休的教师对工作的热情都比不上刚入职的时候。他们变得疲惫不堪，也不再对工作抱有幻想。我当校长最大的挑战就是能否从始至终地维持教师对教学的热情。这对大多数教师来说都很难，因为教师这个职业意味着要年复一年地重复相同的工作，不仅时间紧、工作量大，还要应付那些不愿意学和不好好学的孩子。人工智能技术可以减少教师单调重复的工作，让他们有更多的时间去鼓励学生，和学生交流，更好地实现他们从事这一职业的初衷。他们可以深入了解并反思所教授的课程，和学生进行同步学习，而不必什么都懂。人工智能将真正为教师开拓一片疆域，让它成为应有的样子，激励学生更好地学习和生活。

3. 无须更换老师

工厂模式下，学生们通常每年都会更换新的学科老师。如果被替换的老师笨手笨脚，还对学生很不上心，那么这一模式的确很奏效；但如果被替换的是一位能激发孩子学习兴趣的老师，情况就很糟糕了。被喜欢的老师教育，学生能在一年里取得相当大的学术进步；但一换老师，他们就可能不愿意学了，因为新老师对学生既不关心，也没有激情，教课还无聊透顶。我想，我们肯定都有过类似的经历。

在第四代教育模式下，每门课程都会为学生配备一名个性化"老师"。这位老师每年都能陪在学生身边，直到他们毕业。只要学生感兴趣，还能帮他继续深造，接受高等教育。通过满足学生对老师性别、年龄、民族、性格和方言的各项需求，学生再也不用被迫适应新老师了。此外，由于这位老师在晚上、周末、校外或是放假期间都能辅导学生学习，学生对学习的控制权也会大大提高。随着学生年龄的增长，屏幕或全息图上的个性化老师甚至也会慢慢变老。如果学生厌倦了其中一位数字人工智能老师，立马就会有新的老师"上岗"，来适应他们新的需求。尽管让人很难相信，但这项技术的确很快就会实现了。

4. 为步入职场做准备

我们很清楚，未来15年，就业市场将发生翻天覆地的变化。出生于20世纪90年代的"Z一代"（也称"后千禧一代"）是在互联网和社交媒体的陪伴下长大的，他们对工作的要求和期望与"Y一代"不同，和他们的父母也不同。他们希望能同时从事几份不同的工作；工作地点或许在家里，或许在国外；努力工作之余，还要有假期可以休息；最好既能挣钱，又能为社会做贡献。人工智能学习和第四次教育革命的教育模式能更好地帮助年轻人为找到心仪的工作做准备。

5. 鼓励终身学习

工厂模式强调要在中小学和大学进行正规学习，无意中也就传播了这样一种观念：只要离开了学校，就不用学习了。传言说，有学生为了庆祝自己重获自由，在大学毕业那天兴高采烈地烧掉了所有的书本和练习册。这些并不是空穴来风，它告诉我们，在传统教育模式下，学生都觉得上学只是为了履行义务，而不是为了自己。新技术能帮助更多人发现学习的乐趣，保持他们的好奇心，培养终身思考的习惯。学习是无止境的，充满了无穷无尽的魅力。它不该在 16 岁、18 岁、21 岁，或是 25 岁就止步。真正开明的人就算躺在临终的睡榻上，都会像婴儿一样如饥似渴地学习。

重新审视未来的工作：乐观派与现实派

未来的就业问题是教育的核心，我们必须重新审视。2017 年出版的《第四次工业革命教学》（*Teaching in the Fourth Industrial Revolution*）一书是由六名国际获奖教师撰写的。虽然这本书的内容很有想法，却丝毫没有提到人工智能或是数字化对就业和生活的影响。但我们不能说一点征兆都没有。90 年前，经济学家约翰·梅纳德·凯恩斯就预测到科学和福利会为我们带来很多的"闲暇时间"，他在想我们要怎么打发这些时间。如果凯恩斯能想到人工智能这一点，预测未来就可能会更有信心。

20 世纪 60 年代初，麻省理工学院举办过一场意义重大的辩论赛。辩论的一方是以约翰·麦卡锡和马文·明斯基为首的现实派，他们认为人工智能将取代人类的工作；而另一方则是以诺伯特·维纳和 JCR·里克莱德（JCR Licklider）为首的乐观派，他们认为人工智能将辅助人类的工作。这些年来，乐观派的支持者一直比现实派多。2017 年，信息技术公司"高知特"（Cognizant）发布了一篇报告，题目是"未来的21种职业"。报告认为，虽然人工智能取代了人类的一些工作，但也会创造更多的就业机会来解决办公室、商店和工厂工人的失业问题。"高知特"属于乐观派。培生、内斯塔（Nesta）、牛津马丁学校三家机构在2018年发布的报告中也是这样认为的。"我们发现，技术非但不会宣告部分职业的死亡，还会为它们提供广阔的就业前景。"科学家兼公共知识分子马特·里德利（Matt Ridley）也不认为人工智能会造成大规模失业，他说："人工智能只会解放人类，让我们有时间去做别的事，满足别的需求。"乐观派担心有关失业的传言会打击人们的创造力，阻碍经济的发展。

我们是否需要重新审视一下乐观派和现实派之间的辩论呢？麻省理工学院的教授迈克斯·泰格马克（Max Tegmark）是现实派的忠实拥护者。机器取代的不是"人类的肌肉，而是大脑"。他说，"机器的确不容易取代那些需要社交能力、同理心和创造力的工作，但从长远来看，这些工作还是难逃一死。"

哪一方才是对的？从短期看，乐观派可能是对的；从长期看，现实派也不无道理。但不管未来的世界是什么样，第四次教育革命到来得越快，我们就越需要让年轻人为他们将要面临的世界做好准备。"Z一代"将接受更好的教育，他们更有创造力，智力发展也更全面。如果凯恩斯所谓的"闲暇时间"

能实现的话，他们还能充分利用这些时间做些自己喜欢的事。我们需要对未来满怀期待，但也要认清现实，早做准备。这点我们稍后再谈。

人工智能的潜在风险

在教育领域运用人工智能同样存在着十大潜在风险。有些是相对于人工智能的好处而言的，还有一些是全新的。

1. 社会不稳定性有增无减

我们完全可以设想另一个世界。在这个世界里，新技术被现有的精英阶层所垄断，只有有钱人才能享受到最先进、最优质的人工智能教育。这种情况在早期应用阶段很可能发生。但随着技术的发展，这种模式的成本会迅速降低。学费一降低，人工智能教育自然就能更好地普及。当然，最新的教育技术依旧只有最富裕的家庭才能享有。他们会拿到更好的耳机，上面有很多新增的零件和设计。精英阶层总是能找到各种方法来保全自身的优势。但是，一旦世界上每个孩子都能用笔记本电脑上的软件进行个性化的自适应学习，他们就没有优势了。毕竟，就连"乞丐"都能和"王子"观看同一门最新的电视课程，学到同样多的知识了。

2. 教育过早专业化

新技术能帮助天才儿童更好地进步，也会比工厂模式培养出更多优秀的学生。它甚至有可能实现让年仅 11 岁的孩子学习大学水平的数学。工厂模式通常都做不到这点，但也有特例。1981 年，年仅 12 岁的露丝·劳伦斯（Ruth Lawrence）就通过了牛津大学的数学入学考试，拿下了 530 名考生中的第一名。在传统模式下，这样的神童只是个例，但如果学生都按自己的节奏进行学习，我们一定会看到更多的露丝·劳伦斯。

这样做也有一个坏处，就是会牺牲孩子学习其他科目的时间，他们的情感发展和社会交往也会受到影响。2001 年，年仅 5 岁的女孩阿兰·费尔南德斯（Arran Fernandez）就已经通过了 GCSE[⊖] 的数学考试。她的确有学数学的天赋，但这并不意味着她就该这样做。父母殷切的目光对孩子来说很可能是种威胁，这会对孩子造成极大的伤害。律师兼作家的蔡美儿在英美知识分子中很有威望，因为她的书主张父母要对孩子严格要求。我认为她的主张对教育造成了很不好的影响，因为孩子需要均衡发展。在新的教育时代，我们需要关注的是孩子的兴趣，而不是关注那些一意孤行的父母或是学校的兴趣。我们要让孩

⊖ General Certificate of Secondary Education 的缩写，是英国学生完成第一阶段中等教育所颁发的证书。——译者注

子的兴趣在这个激动人心的教育新世界中得到最好的发展。

3.教师丧失对学生的控制权

在第三种教育模式下，教师是权威的象征。如果一位老师说"我不知道"，就会被大众视作失去了权威，即使这种认识是错误的。老师需要向学生证明自己的学术实力。但在人工智能时代，学生掌握的知识往往比旧体制下的老师还要多。在任何年级，学生都比老师更有发言权。对研究生来说，这的确是个好消息。但对中小学老师而言，这却是颗定时炸弹，教师只能眼睁睁地看着手中的权力被夺走。最聪明的学生甚至能达到博士的水平，这样一来，老师不得不与学生进行合作，跟在他们身后学习知识。

4.教师的专业性降低

人工智能技术不仅博学，还很擅长教学。这就让教师面临着失去"学科地位"和"教学地位"的双重困境。有些老师可能会问，我们为什么要费尽心思地去更新专业知识和教学思想呢？在卫星导航时代，伦敦的出租车司机根本不需要记住伦敦的街道。在人工智能时代，老师又何必为知识操心？老师最爱做的事就是教学生知识和教学生做人。如果这两点机器都能做到，老师还能干什么呢？在新的教育模式下，老师的满足感又从何而来？如今最迫切的，就是要变革教师的培养模式，转变他们的教学思维和教学方法，并转变学校领导的任务。这样，教学才会变得更令人满意。

5. 学生"幼稚化"

社交媒体让学生的思考和交际都流于表面。即将离任的阿德莱德大学风险投资家沃尔特·比宾顿（Walter Bebbington）表示："现在的一些毕业生的注意力几乎全被推特占据了，他们在数字浪潮里是游刃有余的弄潮儿，但与人的交流都是浅尝辄止；他们浸泡在信息的海洋中，却不能在更广阔的海洋里破浪航行。"

我们现有的技术已经让生活变得更简单了，也更直接了。这为年轻人省了不少力气。现在谁还像我们以前那样记电话号码呢？他们连自己的电话都记不住。再想想卫星导航，有了它，我们根本不用再在纸质地图上查找行车路线。人工智能技术可以实时监测路况，不断对路线进行调整。当然，我们也不需要查地图来进行步行导航。随身携带的设备就能给我们提供准确的信息。这当然有许多好处，比如能提高安全性。但有一利必有一弊。看懂地图、规划路线可以带给人满足感，它能帮助我们理解空间关系，学习如何通过历史、地形和社会学来欣赏环境，而不单单是以纯功利的心态想着怎么才能花最少的时间和精力到达目的地。卫星导航就像郊区商店，打着为人民服务的幌子，偷偷降低我们的生活质量。目前，人工智能技术对我们还算"温和",但在机器面前,人类的一切努力终将变得毫无意义。我们的生活会更简单、更便利,但生活的深度,那些让生活变得丰富多彩的冒险和拼搏都将失去意义。伦敦的出租车司机可以省下设计最佳路线的时间来和乘客互动,为他们提供更好的服务。很多玩游戏的玩家会通过人工智能给队友打电话联络。

6. 教育"无聊化"

高级语音识别翻译设备对语言教学的必要性提出了质疑。如果学习一门语言只是为了和外国人交谈,那么学生完全有理由问"有必要吗?"。计算机教授斯蒂芬·赫佩尔曾说:"同声翻译的时代即将到来,我们已经不需要外语老师了。未来的语言教学将更多地关注文化差异。语言教学必须存在,也一定会继续存在,只是人工智能会削弱它存在的合理性。翻译机翻得再好,都不可能完全理解语言背后的文化和心理因素。实际上,语言教学的需求可能还会增大。"

对于其他学科的教学,人工智能又会产生什么影响呢?如果人工智能技术可以储存人类的大部分知识,学生就会觉得花费时间和精力去学习是毫无意义的,因为这些信息不再需要记忆,只要点击鼠标或者发送语音指令就能轻松获取。第四个教育时代需要重申非功利教育观念,比如早期倡导的人文学科的重要性。做生意和简化生活并不是教育的唯一目的。

7. 丧失社交属性

社交媒体充其量只是扩大了人际交往的范围。脸书在2018年4月遭受舆论攻击时，马克·扎克伯格就曾多次这样辩护。但社交媒体的危险性其实早已显现。在现实世界，我们可以通过视觉、触觉、嗅觉感知每个人的独特存在，但视频聊天和全息技术为我们提供了一种截然不同的体验。虽然人工智能建立远程连接的技术已经很成熟了，但这和在现实中与人相处的感觉还是不同。那如果这些设备可以模拟人的情绪和沟通方式，还有对学生、朋友、病人和客户的爱呢？25年前，罗伯特·德·普特南（Robert D Putnam）发表过一篇意义重大的论文《独自打保龄：美国社会资本的衰落》（*Bowling Alone*：*Americas decline Social Capital*），文中描绘了1950年以来人际交往的衰落。他写道，社交能让生活变得更幸福、更快乐，也更有价值，但现代社会的分化正阻碍着人们进行的社交。人工智能会加速社交的匿名化趋势。我们已经不是第一次站在平衡板上了：人工智能既可能为我们带来数不清的社会效益，也可能会带来无法估量的伤害。正如英特尔的安舒尔·索纳克（Anshul Sonak）所警告的那样：技术教育课程缺乏对个人价值观、道德规范和生活技能的关注……这一代学生在技术上是互通的，但在社会上却是相互隔绝的。我们应该好好想想我们到底在培养什么样的人才。联系得好并不意味着联系得深。

8. 生活方式不健康，心理健康受损

对年轻人，甚至对所有年龄段的人来说，人工智能的世界都充满了魅力。比起外出、锻炼、步行上班和参加社交活动，人们更愿意整天对着电脑、虚拟现实耳机和全息投影仪。只要对着人工智能设备，人们对于休闲、刺激、工作和娱乐的需求就都能得到满足。这会导致人们普遍处于肥胖和亚健康状态，影响不可估量。人体进化了数百万年，是为了更灵活地活动，而不是呆坐在电脑面前。此外，长期沉迷网络世界也是学生心理健康问题日益严重的原因之一，长期上网的学生很容易受到网络霸凌。圣地亚哥州立大学的心理学家让·特文格（Jean Twenge）认为，智能手机是 2012 年以来青少年心理健康问题日益严重的罪魁祸首，那些年满 18 岁的成年人也好不到哪去。

9. 价值观淡化

目前，年轻人的价值观塑造主要来自于家人和学校的互动。最好的老师和学校都致力于树立孩子正确的道德观和价值观。但这一体系并不完善，教师的过分偏心也会伤害孩子的自尊。所有教师都会或多或少地受到认知偏差的影响，从而影响自己对孩子的态度和看法。伯明翰大学 2000 年成立的"品格和美德庆典中心"（Jubilee Centre for Character and Virtue）精心研究了一套体系，可以测出学校在学生、教职工、家长的品格教育上投入的时间和精力。

如果未来的学生主要靠人工智能进行学习，我们该如何确保他们树立正确的价值观呢？人工智能可以通过编程优先植入我们认为重要的价值观，比如诚实、善良、坚持和好奇，但我们不可能完全掌握人工智能设备与学生的关系，也不清楚学生是否接受了这些道德观念。对于机器能否像人类一样进行道德教化，我们还知之甚少，毕竟人工智能本身就没有道德意识。唯一可行的办法就是，让学生在规定的时间内，跟着一位老师一起学习道德知识。虽然人工智能可以把全世界的知识都展现给学生，但要学生长时间坐在屏幕前与一个没有灵魂的机器进行互动，还是很让人担忧。对有些人来说，不管教的是什么，虚拟技术总是比在学校集体授课强得多。

10. 隐私问题和道德问题

科技公司究竟存储了哪些与我们有关的信息，他们用这些信息做了什么，有没有贩卖给第三方，这些问题都值得我们担心。而人工智能的出现更是加大了我们的担忧。人工智能设备可以通过与学生的互动来了解学生的优点和缺点、素质和个性，以及他们隐藏的弱点。他们很擅长对症下药，知道怎样能让学生做他们不愿意做的事情。数据的力量不容小觑，科技公司已经在用它操控学生了。而这些数据一旦落入不法之徒手中，后果不堪设想。

我们将迎来一个噩梦般的未来。那时，社会法则和自由意志都将受到高度限制，虽然它们现在在某些国家已经不堪一击了。我们能相信掌握这些信息的政府吗？又能相信亚马逊、苹果、脸书、谷歌和微软这些掌握着学生私人信息的大型科技公司吗？人工智能打开了潘多拉的魔盒，要解决这些问题，我们还有很长的路要走。这一点我们之后还会讨论。

机会

人工智能为教育带来了机遇，但在这之前，我们需要先想办法驾驭风险。只有这样，才能充分地抓住所提供的机会。接下来，我将详述这些问题。

1. 终生价值

第三次革命时代的教育常常被视为一种交易。只有努力才能取得好成绩，而只有成绩好才能赚更多的钱。学生从正规教育机构毕业时，教育的使命就完成了。在第二个和第三个教育时代，人们普遍认为，只有正规教育才算教育，只要中小学和大学一毕业，教育就结束了。人工智能将彻底改变这一思想。我们不再需要报名参加正规课程，而是能以自己的方式学习自己感兴趣的科目。人工智能将解放人类，它能减少人们的无聊感和孤独感，还原生活的本来面目，让生活变得更有价值，也更加快乐。

2. 学习深度

空间距离的挑战意味着从古至今，只有少数人才享有旅行的权利。"外向型"的老师们希望能有机会带学生出国旅行，找到愿意建立合作关系的学校或是兄弟学校，并通过各种渠道接触不同国家和文化背景的学生。但时间、金钱和语言都是问题。由于每学年的时间都很紧张，因此校长往往并不愿意让学生在学期内出去旅行，且父母、学生和老师也不愿意在假期出去旅行。海外旅行和住宿的费用十分昂贵，因此，报名教育旅行的往往都是家庭条件好的学生。人工智能、虚拟现实和增强现实的到来，让学生有了切身体验出国旅行的机会，还能结识不同文化背景的人。虽然文化差异仍存在，但同声传译确实能解决语言不通的问题。这是有史以来第一次，学生能用任何语言与世界各地的人进行交流，还能相互理解。世界也会因此变得更团结、更和平。

3. 生活质量

虽然一百年后，世界上富人和穷人间的贫富差距依旧会很大，但重要的是，人们的成就感和幸福感却能不相上下。21世纪是一个重要的转折点。人们不再只关注定量的数据，比如国民收入、成功企业数量、考试成绩和国家卫生服务机构的数量等。定性的数据也作为补充，变得越来越重要。（就算国家卫生服务机构的数量可以增加一倍，但如果患者的体验不好，也没有任何意义。）人工智能技术的成本很快就会降低，每个人的生活质量也都能得到提升。

第 10 章

人工智能将解放还是弱化人类？

教育影响人类生活的方方面面，并且在第四次教育革命时代，教育将成为每个人的终身追求。因此，在最后一章，我们讨论的重点将是人工智能会给人类生活和社会带来怎样的影响。没有比这更重要的问题了。皇家天文学家马丁·里斯写道："人工智能的爆发式发展让我们飞速奔向后人类时代。"斯蒂芬·霍金在 2018 年 3 月去世前的几个月曾说过："人工智能对人类来说'要么是最好的，要么是最坏的'……我们生活的每个方面都将发生改变。简而言之，人工智能的成功研制可能是人类文明史上最大的事件。"但是这次成功的构成因素是什么，我们又如何牢牢把握住成功呢？发明家和企业家埃隆·马斯克也在密切关注人工智能，他认为："人工智能是人类文明面临的最大风险，其发展需要尽快被抑制住。"这并不是我们可以置之不理的危言耸听。剑桥大学生存风险研究中心的沙哈尔·艾文（Shahar Avin）在 2018 年年初警告说，在未来几年里，人类可能会面临由犯罪分子、恐怖分子或流氓国家使用人工智能而带来的重大威胁。

本章将考察人工智能是否能够将人类从第三次教育革命的局限中解放出来，抑或它是否会弱化人类的生命，甚至终结人类的未来。当然，此处所说的人类生命指的是它现在的形态。

人工智能时代的核心可能性

人工智能可以看作是 21 世纪人类面临的几个严峻挑战之一，马丁·里斯的作品清楚地描述了这些挑战，尤其是他的著作《科学家的警告：恐怖、错误和环境灾难如何威胁人类在地球和外太空的未来》。里斯认为，人类文明在 21 世纪结束的概率会高达 50%。他担心的不是人类无法控制的事件的破坏，比如大规模小行星撞击地球、伽马射线爆发或者比 1883 年喀拉喀托火山更大规模的火山喷发。相反，他关注的是那些人类自身拥有控制权或代理权的事件。这些事件包括生物技术和纳米技术的失控、生物恐怖主义、热核战争或人工智能落入不法之徒手中等。在这份令人担忧的未来事件的清单中，人工智能最显著的特征是，无论是用于造福人类还是毁灭人类，它的力量都是无比强大的。如果人工智能确实毁灭了人类，我们只能怪自己。

从逻辑上来说，人工智能和人类的竞争 21 世纪以及未来有四种可能性：

- 消除

可以想象，人工智能驱动的机器人或者由人工智能进化而来的其他更高智能形式将完全把人类从地球表面消除掉。这是最激烈的情况。

- 替代

人工智能可能通过更加复杂的植入物来增强人类的身体和大脑，从而用人类和人工智能技术的复杂的融合体来取代人种。

- 变革

在这种可能性中，人类仍然掌管着地球，生活将会如今天人们所理解的那样，但是由于人工智能的赋能，人类的生命质量将得到很大的提高。

- 保持

同样可能发生的一种情况的是人工智能给人类的日常生活带来的影响非常小，人类在2100年的生活与在2000年时差不多。这是最保守的情况，也可以说最乐观的/最悲观的/最现实的情况，怎么描述完全取决于我们看问题的视角。

这四种情景中的每一种都有强大的理论体系的支撑。没有任何一个想法是荒诞的。我们无法知道未来会怎样，看上去也不会有未来时空里的某种生命掌握了时空穿梭的本领回到现在告诉我们未来会怎样。因此，我们的想法只能基于猜测和推断之上。

麻省理工学院教授、瑞典裔美国宇宙学家迈克斯·泰格马克是一位致力于预测未来的学者。在《生命3.0：人工智能时代生而为人的意义》一书中，他写到了人工智能代替人类的可能性。他在书中描述了一个顿悟的时刻："顿悟像砖头一样击中了我，那就是每次我们对自然界的运作多了一份理解，我们自己的某些功能就过时了：一旦我们理解了肌肉是如何工作的，我们就会用机器构建出更好的肌肉，也许当我们理解了我们的大脑是如何工作的，我们就会构建出更好的大脑，而我们自己也将变得完全过时了"。他的顿悟其实有些问题。我们真的会理解大脑是如何工作的吗，真的会理解大脑中的意识是怎么工作的吗？如果我们做到了这一点，我们是否能够像我们生长出了更好的肌肉那样生长出更好的大脑呢？

一些极端的思想家预见了现实会变化的本质。现实情境是不可更改的吗？1999年上映的科幻电影《黑客帝国》中，人类生存的现实情境被模拟在一个由先进机器创造的用以安抚人类的矩阵中，这部电影激起了大众对改变现实的想象。随着虚拟现实和增强现实逐渐变得更加高端复杂和充满诱惑，随着儿童，甚至是一些成年人区分屏幕上的虚拟现实和真实现实的能力的逐渐下降，人类未来也许会居住在一个虚构的现实世界中的想法不再仅仅只是幻想了；事实上，我们现在可能就已经生活在其中了。客观现实的概念本身就是争论的焦点。

心理学家告诉我们，人类构建了对事物进行解释的主观精神世界。对大多数人来说，这没什么问题，但是如果主观世界偏离现实感太远，就会出现问题。高度智能的机器很容易说服我们相信它们所投射的是客观现实。一些人已经发现，生活在一个由计算机生成的现实和关系的世界中可能会更容易，人工智能软件——比如能在与人交互中学习的聊天机器人 Replika——增强了这种可能性。

科学作家奥利弗·穆迪（Oliver Moody）写道："关于机器人最奇怪的事情是与人们交谈时惊人地坦诚。一项研究显示，患有创伤后应激障碍的美国退伍军人向计算机治疗师敞开心扉，比向真正的医生敞开心扉要容易得多。聊天机器人 Replika 也有类似的良好效果。在许多场景中，它似乎就是一个人类对话者，只不过'耐心更多、指责更少'"。我们知道人的同情心是独一无二的。也许是这样。但如果今天的人工智能已经令人信服地拥有了同情心，那么，我们将如何与比今天的人工智能强大一万倍的机器人共处呢？到底什么是真实的？要回答这个问题，我们需要更多地探讨作为一个人究竟意味着什么。这也许是本书提出的最重要的问题。

以人为本：四个方面

我们将把人的意义分割成四个部分，如下所示。接下来，我们将逐一进行讨论。

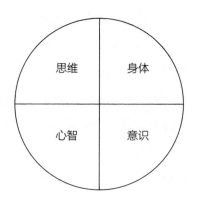

1. 思维

根据亚里士多德、柏拉图和笛卡尔的观点，理性思维的能力是人类独特性的本质。与人类相比，计算机总是能够更快、更可靠、更客观地筛选和组织数据，但是人类的头脑不仅仅是一台信息处理机器或是机房。它还包括一个控制中心，或者说是一座"桥梁"，这个控制中心可以基于价值观和经验做出决定和判断，能够想象未来，并将自我引向未来。关于人是否有自由意志的争论仍在继续，康德和存在主义者认为有，而神经科学倾向于否认这一点。无论在教育、健康方面还是在工作方面，人工智能的本质是个性化，这与工业时代的整齐划一形成了鲜明的对比，我们未来很可能会看到自由意志的蓬勃发展。当前阶段，机器还很难复制人类任何的思维火花。如果强人工智能发展起来，也许能做到这一点。

2. 心智

计算机能够复制人类的情感，甚至有一些人认为他们与计算机打交道会比跟人类沟通更顺畅。即使机器只能模仿人类的情感而不能亲身体验到情感，我们也要接受人工智能机器将能够与人类进行许多方面互动的事实，在这方面，他们甚至比人类做得更好。在人口老龄化时代，这对包括护理职业在内的工作都会产生深远的影响。但是人工智能无法打开人的心扉。很多人在一生中心灵都处于关闭状态，他们只有在有重大情感经历的时刻，比如坠入爱河时，才会打开心扉。打开心灵不是一种智力体验。事实上，一个致力于心智发展和智力磨炼的生命甚至可能会反对这种开放心灵的说法，或者不相信它的存在。只有那些知道和体验过心灵开放的人，才相信它是存在的、是完全真实的。只有敞开心扉，我们才能成为完全意义上的人。只有在这个时候，我们的知识才会变得非常深入，我们与所有人才会建立起联系。

3. 身体

人类的身体已经进化了几百万年。当代的科学家告诉我们，实际上我们身体的一半以上并不是我们自己——人体的57% 是由微小寄生物组成的。人工智能的发展正在扩大这个比例，无论它是修复我们、增强我们还是取代我们。机器人本身总是很难媲美人体的灵巧性，但是我们必须期待他们能够越来越多地复制人类动作，甚至可以完全像人类一样。结果是，我们需要身体来引导人类生活，即便身体不完全是我们自己的，甚至不是人类的身体。

4. 意识

在四个构成要素中，我们了解最少的是人类意识。尽管已经进行了六十多年深入的科学研究，也经历过许多世纪的哲学思辨，但我们对意识仍然知之甚少。计算主义是横跨当代哲学和神经科学的一种理论，它认为意识只是人类尚未理解的人体机械布线的一个方面。它把人类的大脑看作是计算机，而心智是计算的结果。这个理论有各学科的坚定支持者。哲学家丹尼尔·丹尼特提出了"多重草案"变量，认为意识分布在大脑内的空间和时间两个维度上。神经科学家和精神病学家朱利奥·托诺尼发展了意识的科学理论，即"综合信息理论"，这一理论揭示了意识如何可以被测量，以及意识如何与无梦睡眠中的大脑状态和影响因素相关联。加州理工学院的神经科学家克里斯蒂夫·科赫（Christof Koch）将其描述为"唯一真正有前途的基础意识理论"。

另一些人则认为意识是动物才独有的特质，计算机永远不可能有，即使在以后的一百万年里，计算机都不可能复制人类意识。这个学派包括受宗教启蒙影响的人士，他们相信上帝就存在于人类的意识之中。

第三种类型的解释是由那些既不持无神论，也不明确持有神论的人主张的。其中一位是意大利物理学家费德里科·费金，他是商业计算机微处理器的发明家。费金这样描述他们的解释："我相信意识是构成全宇宙物质的一个属性，这与无神论没有什么关系。我相信动物是有意识的，活细胞和分子也是如此。意识是关于有知觉的体验的能力，它与是否相信上帝无关。在我看来，大多数宗教的上帝观念是有缺陷的，我个人选择远离宗教信仰体系。然而，'灵性'作为与宇宙联系的深层、内在的体验是真实的，并且表明现实的本质是一体的。这也是量子物理学告诉我们的。"

第一个学派认为，意识最终可能被人工智能机器复制；后两个学派认为，只要宇宙或天地万物存在，意识就永远不会被复制。

反乌托邦的四种可能性

1. 对人类的生存威胁

人类在自己的发展史中一直致力于革新自己完全控制技术的能力以及防止其落入流氓之手的能力。化学武器并不是像人们通常认为的那样，在1915年第一次世界大战期间才被首次使用的，其实早在公元前 5 世纪雅典和斯巴达之间的伯罗奔尼撒战争中就出现了化学武器。核武器于 1945 年 8 月首次在广岛和长崎使用，见证了科学发明能够彻底摧毁卷入战争中的生命，而丝毫不考虑未来。发展生化武器的竞赛也是如此，组成生化武器的细菌、病毒和真菌在受害者中不断得到复制。这些核生化武器和大规模杀伤性武器严重地威胁着我们的生活，而一旦落入恐怖分子、不受国际舆论影响的独裁者或是无赖政权之手，其危害更大。

我们必须以同样的方式理解人工智能的风险。剑桥大学生存风险研究中心是众多认真对待这一威胁的机构之一，因为人工智能具有腐蚀和压倒人类的能力。人类未来研究所的创始人和哲学家尼克·波斯特洛姆设想了一个未来世界，在这个世界中，高级智能允许人工智能劫持军事、金融和政治进程，最终导致人类灭绝。未来生命研究所由迈克斯·泰格马克和剑桥大学生存风险研究中心创始人扬·塔里安（Jaan Tallinn）在波士顿创建，拥有一批相关领域的科学家和技术人员。其专家咨询委员会成员包括埃隆·马斯克、斯蒂芬·霍金和马丁·里斯，他们积极发起大规模杀伤性武器背景下保护生命的运动，并特别关注"强人工智能"的使用，尤其是在战争中的使用。无人驾驶飞机很快将被安装人脸识别系统和爆炸装置，这些系统和爆炸装置被设置好程序用来寻找和杀死选定的个人。这些无人机无须任何人类操作员的控制，就能够深入建筑物内部并且彼此联合行动。迄今为止，核技术已被用于为人类谋取福利，但我们不能保证人工智能也会受到这样的控制和监督。

2. 操纵

人工智能机器已经能够深入地了解人类，尤其是人类的弱点和促使人类做出特定决定的动机。人工智能对我们生活的影响已经远远超过了许多人的认知和接受范围。一般情况下，我们往往羞于承认自己对生活失去了控制。我们仍然处于人工智能发展的早期阶段，但接下来，它的精细化发展速度将远远超过人类理解和适应它的速度。因此，人工智能系统有可能会改变我们认识自己的方式、我们所做的决定、我们与每个人的关系，以及我们如何重新定义自己与企业和政府的关系。其实，我们还没有完全意识到这些可能发生的改变。

2017 年出现了某种预兆。这一年，一家位于华盛顿的研究机构——电子隐私信息中心（EPIC）就万能网球公司（Universal Tennis）向美国联邦贸易委员会提出诉讼。电子隐私信息中心在诉讼中提到万能网球公司用一个加密算法对包括儿童在内的成千上万名业余选手和雄心勃勃的专业选手按 1 到 16 级进行排序。这个系统创建分级的办法是基于几百万次的比赛结果。电子隐私信息中心表示，这些分级"限定了年轻运动员在所有网球相关活动中的地位"，并且"影响了他们获得奖学金、教育和就业的机会"。诉讼还认为，这些分级"会为他们将来在社会上的表现和政府对公民的评价夯实基础"。

这个用来评定网球领域的系统仍然非常初级，但它表明了未来系统评估更广泛的人类技能，那些可以用来定义职业道路和成功人生的人类技能的可能性，这一点正在慢慢变为现实。政府、公司和能左右人类生活的任何组织都将拥有非凡的权力。过去几年，人们对亚马逊、Alphabet、脸书、微软和优步等高科技公司的担忧已经席卷全球。对一些人来说，这些公司是极度不负责任的————一方面为少数人牟取暴利，另一方面又毁掉了很多人的工作，让大众承担隐私被暴露的风险；而对另一些人来说，这些公司提供了大学和政府所不具备的领头作用，推动了教育、医学和其他领域的创新，这将给人类带来前所未有的好处。无论是哪种观点，这些公司的不透明性都是一个主要问题————他们以保护隐私为名实施的幕后操作的做法并不总是有道理的。

3. 弗兰肯斯坦综合征

玛丽·雪莱的小说《弗兰肯斯坦》（1818）讲述了年轻的科学家弗兰肯斯坦的故事，他创造了一个怪物，并且惊恐地发现这个怪物竟然能发展自己的心智。作为第一部科幻小说的作者，"弗兰肯斯坦"经常被用来给怪物命名。同理，现在计算机算法的复杂度甚至超出了编写它们的程序员所能理解的能力。比如在 AlphaGo（Google 旗下 DeepMind 团队的人工智能围棋程序）打败 2016 年世界排名第一的中国围棋选手柯洁的过程中，AlphaGo 的一些招数超出了 Google 公司最优秀的程序员所能理解的能力。由于当前的人工智能机器仍然只专注于某一特定的任务，所以像弗兰肯斯坦这样的风险还是可控的，但是一旦发展强人工智能，能否监控其运行的担忧就会大大增加。关于"奇点"的争论可能还会持续很多年，从理论上讲，只要人工智能机器能够在没有人为输入的情况下以超越人类理解能力的速度自行升级，这种争论就将永远存在。在雪莱的《弗兰肯斯坦》中，怪物杀死了弗兰肯斯坦的弟弟，还比它的创造者弗兰肯斯坦活得更久。当然，这部作品是虚构的。

4. 失业和社会混乱的蔓延

美国未来学家马丁·福特在 2015 年出版的《机器人时代》一书中设想了一个世界，在这个世界中，当前人类所做的大量工作都将由机器来完成。世界上数亿甚至是数十亿的人将会面临失业，这会带来巨大的社会危机，因为当不同年龄和学历的人都不再工作时，他们的生活就变得毫无意义。

未来就业市场会发生什么？学校和大学需要如何帮助学生做好准备？这些问题一直是本书探讨的主题。我们认为，工作总是有的，特别是与人相关的工作，比如健康、教育、娱乐、咨询、美容和治疗工作等，但是工作的质量和难度可能会越来越不能令人满意。《经济学人》杂志认为："如果自动化确实可以产生丰厚的回报，那么问题就是那些失业的工人该怎么办?"最近的趋势表明，在自动化相对难以应用的医疗或食品服务等行业，可以创造非技术性就业机会。如果机器人和机器算法比工人便宜得多，他们的主人就应该变得更富有，就能够消费更多的东西，从而为人们创造更多的就业机会。但是风险在于，技术的发展将使更多工人沦落到低技能者的行列。为了全部雇佣他们，工资或工作条件可能不得不恶化……最终的问题可能不是现有工作的数量，而是其质量。

我们知道，无论是在工作中还是在家庭中，有意义的活动是个人幸福的最主要来源之一。我们会满足于没有工作，或者没有意义和没有挑战性的工作，在家里也无须养育孩子和做家务吗? 那我们的生活还剩下什么呢? 这是快乐的生活吗? 这难道不是享乐主义者告诉我们的生活的终极目标吗? 但是他们的哲学在快乐和幸福之间存在着根本性的误解: 前者依赖于物质消费，并且总是以自我为中心; 后者更深刻，并且建立在自己和他人和睦共处的基础上。

技术乐观主义者的乌托邦

历史上大多数人的生活都很艰苦: 遭遇暴力和不可预知的事件; 因疾病和年龄而缩短寿命甚至丧命; 在不满意的工作中愤怒压抑; 患上类似抑郁症的精神疾病; 缺乏生活的必需品，更不用提精英阶层所独享的奢侈品。技术乐观派们断言，大众无须再承受这种毫无质量可言的生存之苦。人工智能的传道者有一个完全不同的愿景。在迈克斯·泰格马克的《生命3.0》一书中，他认为人工智能将使生活技术化——后人类"将能够设计他们自己的硬件和软件"。他说，这种形式的生命（如果我们仍能称之为生命）将允许人类物种"最终完全摆脱进化的桎梏，真正掌握自己的命运"。

美国资深的未来学家雷·库兹韦尔提出，要想真正理解人工智能对我们生活的影响，人类必须经历三个阶段："首先，抓住机会利用人工智能解决老年人的痛苦，比如贫穷、疾病等。其次，对这些技术可能造成的破坏性，甚至存在性风险提出警告。最后，我们应该对我们必须继续推进这些技术的道德责任感心存感激。因为尽管取得了一些进展，但是仍有许多人类的难题需要我们破解。只有在人工智能方面继续取得进展，我们才能在面临困境的同时继续克服贫穷、疾病和环境退化。"但是，怎样才能确保我们看到的只是人工智能带来的好处而不是坏处呢？问题仍然悬而未决。

在我们的讨论中，出现了四种不同的乌托邦式观点。

1. 永生不朽

死亡，我们生命中最确定的事情，现在看来可能并不那么确定，至少在硅谷的那些远见卓识者看来是如此的。库兹韦尔是有争议的奇点现象的最坚定的拥护者之一（我们的许多受访者，例如蒂莫西·奥谢，认为它是一个嵌合体），他写道："我预测人工智能将在 2029 年通过有效的图灵测试，从而达到与人类一致的智力水平。我已将 2045 年定为'奇点'，即通过与我们创造的智能相融合，我们会将自身的有效智能增长到 10 亿倍。这会使得计算机具有人类智能，它们在我们的大脑中运行，与云端连接，我们自身得到无限扩展。今天，这不仅仅是一个关于未来的畅想。此时此地，这一图景已经部分实现了，且在加速行进。"

人工智能理论上可以使人类通过替换和更新身体中老化和退化的生物元素来获得不朽。今天的四肢瘫痪患者可以根据大脑的冲击波来移动胳膊和腿。我们的身体是由零件合成的这种概念可以被认为是一个想象力的巨大飞跃吗？如果大脑确实可以被理解为一系列的机械反应，那么它也应该能够在不可降解的硬件中复制。库兹韦尔没有这样的疑虑，他正定期服用补充剂来延长自己的生命，期待他生命中重大日子的到来。

但是人类想要长生不老吗？对很多人来说，正是生命有限的本质构成了我们生命的意义。永不消逝的生命可以说是等同于漫长无聊的死亡。尤瓦尔·赫拉利——以色列历史学家，《人类简史》和《未来简史》的作者，对人类的长生不老问题没有疑问。他认为，如果死亡被克服，意义的缺失并不会成为人类的一个大问题。

"在过去的三个世纪里，几乎所有现代世界中的新意识形态都不关心死亡，或者至少他们不把死亡看作意义的来源。以前的文化，尤其是传统宗教，通常需要死亡来解释生命的意义。比如基督教认为，没有死亡生命就没有意义，生命的全部意义来自于死后发生的事情。没有死亡，没有天堂，没有地狱……这些对基督教而言没有意义。但在过去的三个世纪里，我们看到了许多现代意识形态的出现，如自由主义、女权主义等，它们根本不需要死亡来赋予生命意义。"

赫拉利对宗教的理解在很多个层面上是奇怪的。对许多信仰而言，生命的意义并非来自于未来的死亡，而是来自于更深入和更丰富地生活在每个当下之中。意义处于人们不断实践的沉思和冥想的中心，它教导人们不要活在未来，甚至不要思考未来，或思考昨日已逝的事物；相反，它教导人们如何生活在当下。有些冥想的拥护者是不可知论者，但是有许多人，比如来自牛津大学的心理学家、畅销书《正念》的合著者马克·威廉姆斯就遵循基督教的宗教信仰。

人类永生带来的更直接的问题是实际的空间问题：如果没有人死亡，人口就将无止境地增长，人类就可能会通过从沙漠或海洋中开垦更多的土地来解决问题，最终，人类将进入太空并殖民新的星球。人类的意识也会因此产生问题：如果宗教的信仰是真的，如果上帝就是意识本身，那么我们或机器创造的后代会拥有意识吗？如果意识不是上帝赐予的，那么就会出现意识能否被植入机器等其他的问题。

2. 超级富足，不再有战争

人工智能机器和人工智能技术能够以历史上最低廉的成本创造出更多的食物、更多的饮用水、更适宜居住的区域和更多的商品，同时还能清理海洋里和陆地上几百年来堆积的垃圾。增强现实、混合现实和虚拟现实使我们的体验无限接近现实，但却更为安全。对大众来说，驾驶法拉利或者一级方程式赛车，驾驶私人喷气式飞机，或者去世界上最好的餐厅吃饭，可以成为一种日常体验。从理论上说，在这个超级富足的时代，很多问题无须通过战争来解决。史蒂芬·平克在《人性中的善良天使》一书中指出，随着人类文明的发展，暴力事件已经减少了，在《当下的启蒙》一书中，他利用各种社会科学数据来支持自己这一乐观的论点。如果他的看法是正确的，他对暴力程度降低的看法是正确的，那么人工智能在未来就将会在这一方向上给予人类帮助。

不过，超级富足理论是有缺陷的。它假定人类只渴望享受物质利益，当满足这些利益时，他们就会幸福，但是现有的证据强烈反对这一论点。毫无疑问，人工智能会给所有人带来更多的物质财富（以及体验这些财富的错觉），但问题是，这是否能满足我们最深的渴望，让我们更快乐呢？显然，我们缺少一个更深层的意义和目的。我们可能已经变得不那么暴力了，但是这种变化更多的是由于社会力量的驱使，而不是人性的自我改善。这一理论也假设暴力和战争是由缺乏物质财富引起的，而不是人类内在的冲动导致他们发动侵略。

3. 被赋能的人类：一些真实的、奇异的应用

尽管（甚至可能是因为）社会日益繁荣，但精神疾病正在全球范围内蔓延。人们常常认为不快乐是由于缺乏财富而引起的，这是有可能的；但自相矛盾的是，随着财富的不断增加，人们的不快乐和精神疾病并没有减少，反而在增加。在发达国家，服用抗抑郁药、安眠药和抗焦虑药物正呈蔓延趋势。由于精神正遭受痛苦的折磨，人类的生活质量普遍都在下降。人工智能提供了一些真正的希望，它可以系统地研究我们身体的化学反应，并精确地看到对于患有慢性精神病或精神焦虑症的人来说，服用哪些药物能让他们达到身心平衡的最佳状态。人工智能将作为个人治疗师，为我们提供建议和安慰，以帮助我们在工作和学习中维持最佳的状态。人工智能同样能帮助治疗我们的身体疾病。癌症可能无法治愈，但癌症和其他摧毁生命的疾病将可以更早地被诊断出来并得到更有效的治疗。健康领域内的革命正在到来。

技术乐观主义者在技术将如何增强我们的大脑这一问题上处于用力过猛的状态。库兹韦尔相信新时代并不遥远：人工智能"可能还没有进入我们的体内，但是到 21 世纪 30 年代，我们将把我们的大脑皮层——我们进行思考的大脑部分——和云

端连接到一起。"我们会更有趣，我们更会玩音乐，我们会变得更性感。英国工程师和学者凯文·沃里克（Kevin Warwick）认为，随着电子植入物被植入人体，电子人的时代并不遥远了。沃里克认为："我们应该提升人类，让他们进入机器的决策过程……人工智能现在会为我们采取行动。你可以把你的大脑插入一个计算机网络，这样你和网络就会成为一个整体。大脑的可塑性非常强，它可以适应新环境。我们的脑细胞会热切地接受它。"即使大脑增强仍然很匪夷所思，但一些严肃的思想家相信它可能发生。电脑科学家和人工智能技术专家都会变得更性感、更有趣的愿景当然是令我们大家都欢欣鼓舞的。

4. 技术的现实可能性

正如我们在本书中所表明的态度一样，我们选择站在现实主义的立场上，站在那些认为人工智能将不会带来什么改变和那些认为它将改变一切的观点的中间。它肯定会迫使我们反思是什么使我们成为独一无二的人类，既不同于非物质性的物质（这点很容易想清楚），也不同于其他动物（这点更难想清楚）。人工智能将迫使我们选择我们想要的生活，迫使我们选择一种人类历史上最公平、最有效率和最有原则的方式来治理我们的国家。哲学教授户西亚诺·弗洛里迪（Luciano Floridi）是主张中庸之道的人，他说："我们可以放心，新的人工智能不会证实散布谣言者的警告，也不会带来反乌托邦式的科幻场景……所有这些深刻的变革都迫使我们认真反思我们是谁，可以是谁，并且愿意成为谁。人工智能将挑战我们赋予人类这个物种的崇高地位……我认为，人工智能会帮助我们确定那些可以让人类生生不息的、不能复制的、独属于人类的因素。"

尼克·波斯特洛姆同样认为，人工智能既不是灾难，也不是乌托邦，但他敦促人们在不久的将来对这个问题进行深入的思考："这个问题可能很难，但并非无法解决，只要我们开始得足够早并拥有足够的数学天赋。"他和人类未来研究所的同事们共同认为，现在是需要深思熟虑的时刻。他说："我认为世界需要的不是我们惊恐地按门铃和失声尖叫。"要想出正确的解决方案所需要的天赋不会仅局限于左脑思维，那么我们具体需要做什么呢？在最后一章，我们将继续讨论这个问题。

人工智能将解放人类？

如果理智的声音可以战胜那些不理智的声音，人工智能解放人类的主要方式就可以概括如下：

（1）强化公平　人工智能将允许那些拥有较少物质财富的人享受更好的教育和医疗条件，以及更多的物质财富，也许是在虚拟世界。那些被大自然和人类所想象和创造出来的最好的东西，终于得以被每个人所享用。

（2）增强参与度，减少孤立感　每个人都将能够更充分地参与社区和民主生活，并能够通过诸如全息图的新技术与朋友和亲戚进行更有意义的交流，而不管他们身处何方。人类的孤独和孤立是当下最令人困扰的问题之一，我们将看到这一问题的逐渐解决。人工智能将使我们所有人都能更好地享受我们的天赋和智慧，并为我们的生活带来意义、成就和欢乐。

（3）增强对幸福而不是快乐的反省　对所有人来说，人工智能都意味着更快乐的可能性。正如我们之前所讨论的，这很可能迫使我们去寻找更有意义、与快乐完全不同的幸福体验——它建立在和谐而非消费的基础上。

但是，人工智能会弱化和破坏我们生活的意义的风险也同时存在。这两种对立观点的战争，也即本书的主旨，谁胜谁负马上就见分晓，我们将在第 11 章试图回答它。

思考和建议

人工智能带来的五大威胁

第 11 章汇集了我们的思考和建议。在未来，人类可能不会像蚂蚁一样被拥有更高智力的生物踩在脚下无情地践踏，或被当作劣等种族消灭。但即使人工智能不会失控，也有一些真正的问题存在，而这些问题容不得我们忽视。正如奈杰尔·沙德博尔特所说的那样，"现在有很多危言耸听。每个人都已成为人工智能领域的自封的'专家'。这让情况变得非常复杂。也就是说，存在风险"。

变化的发生比政府和其他机构跟随发展步伐的能力来得快得多。"阿玛拉定律"（Amara's Law）——该定律以"帕洛·阿尔托未来研究所"的长期负责人的名字命名——认为我们高估了新技术所带来的短期影响，却又低估了它的长期影响。好吧，我们正在进入长期影响期！

1. 人类的幼稚化

从计算器到早期的计算机，每一件新设备都会引起人们对生活质量会因此而降低的担忧。人工智能不仅仅是最新的技术创新，它与所有早期的技术发展在性质上也有所不同，因为它复制的不仅是我们的身体活动，还包括我们的精神和情绪活动。随着人工智能的不断成熟，我们甚至可能无法辨认什么是人类、什么是机器。如果人工智能能够以卫星导航的形式主导围绕我们的物理环境，那么当它可以在未来接管我们的思想时会发生什么呢？尼尔·弗格森（Niall Ferguson）有充分的理由担心："人类认知的总和可能最终会被人工智能所削减。"更为便利和舒适的生活是历史变革的主要驱动力。那么有人问，如果我们因此被弱化了会有什么关系吗？

2. 失业和生活质量

我们在本书中更加关注的问题是保存下来的工作的质量，而不是工作的消失。机器会剥夺工作中令人满意且极具挑战的方面，还是只会消除苦差事，让我们专注于最人性化和最有价值的方面？我们教育贫穷国家的年轻人，但其国家经济却不能保持同步发展。在过去 25 年中，建在城外的大型购物中心摧毁了许多当地的企业和商业街，同时大型零售公司却获得了丰厚的利润。现在，亚马逊正在把更多的本地贸易机会抢走。如果为了我们的生活变得更方便，我们就失去了自己社区和当地的就业，这值得吗？如果为了这个目的，人们就不再工作，这值得吗？如果父母因沉迷网络而很少和子女交谈，这值得吗？人工智能保姆终将能够给孩子讲睡前故事，甚至当孩子困倦欲睡时，它还可以迅速察觉并合理应对。

3. 武器

人们对武装冲突中无人机和机器人的人工智能道德存在极大的担忧。输入机器的智能越多，就越难以控制它们，越难以确保他们在人工监督下运行。凶手与被杀者之间的身份差异导致了令人担忧的道德问题。"人工智能/机器人作战日内瓦公约"可能会是什么样子呢？2018 年 4 月，一个国际学术团体呼吁抵制韩国高等科学技术研究所，因为后者与国防承包商合作要制造"杀手机器人"。杀戮会被美化吗？会变得冷酷无情吗？谁将会控制杀人的决定？

4. 网络安全

人工智能将创造出更加微妙的方式来破坏先进的系统。如果五角大楼今天可以被青少年黑客攻击，那么能力高出人类大脑数千倍的人工智能将会使维持安全成为一个大难题。黑客入侵空中交通管制、核电站或医院可能会造成恐慌和大规模破坏。使用对抗性输入数据欺骗人工智能采取不当行动不再是科幻小说的情节，它可能会真正发生。

5. 道德问题和隐私

为了充分发挥作用，人工智能对人类身体和思想的了解到达了一个历史新高度。如果合情合理地使用这些信息，我们所获得的好处是相当大的；但如果这些信息落入坏人手中，就可能会造成很大的危险。谷歌地图的用户其实全程在与谷歌公司分享自己的行程，但谁知道未来会怎么样？我们发现很难让我们的孩子远离坏人：保护我们的孩子是整个社会最大的责任，可是人工智能会帮助还是阻碍我们呢？

四种可能的危险

1. 个人黑客

正如马丁·里斯用令人难忘的语言所描述的那样："地球村里总会有些愚昧的村民，并且他们的所作所为的影响会波及全球。"一个不怀好意的人所拥有的核装备能造成巨大的危害，一个意图险恶的人利用人工智能将会引发更加大范围的灾难。

2. 技术公司

2016 年，亚马逊、脸书、谷歌和微软花费 4900 万美元在华盛顿游说，超过华尔街游说费用的一倍 。这些技术公司拥有巨大的市场力量，在经济学家评价为"疯狂"的举动中，他们汇聚了来自小公司和大学的各类人才来使自己的技术更加无懈可击。"往事令人心伤。在那懵懂、天真的日子里，我们认为乔布斯很有趣，亚马逊很有用。"《泰晤士报》的记者大卫·阿罗诺维奇如此写道。科技公司及其领导人的堕落已被一系列书籍加以描绘，例如《纽约时报》作家诺姆·科恩。

这些公司是拥有巨大权力和影响力的实体，由尚未当选且不对任何一个政府负责的人物领导。声称对股东负责是否能够提供足够的激励来让公司表现良好和更有责任心呢？过去 10 年间，我们一再看到滥用权力的现象，最近一次是在 2018 年年初脸书和英国剑桥数据分析公司（Cambridge Analytica）的丑闻。马克·扎克伯格的回应是承认他的领导力有了"不可原谅的松懈"，但他表示自己"仍然是掌控脸书的人"。

到 2018 年年初，已经出现了一个共识："技术公司总是躲在计算机背后轻声傻笑并声称自己无能为力，不能再这样下去了！"但人们并未就采取何种行动达成共识。

3. 小公司

滥用人工智能的风险可能来自世界各地每年出现的成千上万个初创企业，其中许多企业都监管不力，而且所有这些企业都在努力争取竞争优势，有些公司则拼尽全力。像比特币这样的加密货币长期以来一直在逃避监管。我们不应该只关注巨头公司，而对小公司掉以轻心。

4. 人工智能本身

我们同意资深计算机科学家蒂莫西·奥谢的观点，他说："我看不出人工智能会如何失控。计算机和机器人并不是人，猖獗的人工智能采取主动行动对我来说是一个没有意义的命题。"百度公司前人工智能首席科学家吴恩达同样认为，担心超级智能和人工智能杀手机器人，就像担心火星上的人口过剩和污染一样属于无稽之谈。尽管如此，我们在本书中已经讨论过的很多大人物都认为，人工智能有可能失控，而哪怕只有一点风险，都会造成生死攸关的严重威胁。如果我们低估这种可能性，就大错特错了。

五种行动方案

1. 顺其自然

有人认为，让人工智能自由发展，允许人们像创建维基百科一样自行解决人工智能的问题，将确保真理和常识占上风。全世界自由经济的信奉者都认为，人工智能只是最新的技术浪潮，我们应该退一步，让一切顺其自然地发展：一切都将会好起来，恐慌会烟消云散。经济学家和哲学家弗里德里希·哈耶克明确指出，政府试图规划出某种特定未来的行为是危险的，因为这种尝试会导致极权主义的产生。随之而来的问题是，它会让控制人工智能的人拥有太多的资源，远远多于个体和自由主义者们单打独斗时的资源。互联网创造了全球垄断现象，19世纪没有亚马逊、脸书和谷歌等巨头公司。

2. 科技公司实行自我监督

尽管科技公司一再声称自己具有良知和责任感，不应该被别有用途的政府强加管理，但这一说法实际上漏洞百出。安全专家爱德华·卢卡斯曾经提道："巨头科技公司往往愤世嫉俗、一手遮天、为富不仁，同时威胁着我们的自由……但真正的问题是民众对他们的遮遮掩掩过于仁慈。"他们当然必须被要求做到最大程度的透明性，并且为民众提供更多的回报，而不是只满足于目前在浮华的慈善活动中所做的毫无意义的事情。期望科技公司自发具有道德诚信和公益精神是不切实际的，特别是当他们看到其他唯利是图的竞争对手获利时，就更难以做到了。

3. 信任学术机构和智囊团

值得信赖的学术团体越来越多，比如牛津大学马丁学院、牛津大学未来人类学院，剑桥大学生风险研究中心和波士顿未来生命研究所。一些具有远见卓识的学者也层出不穷，诸如

DeepMind（位于伦敦的人工智能企业）的戴米斯·哈萨比斯（Demis Hassabis）、穆斯塔法·苏莱曼（Mustafa Suleyman），以及 Skype 和 Kazaa 的联合创始人、剑桥大学生存风险研究中心的创始人杨·塔里安。我们很有可能从他们，而非大型科技公司和政府那里，获得面对未来的智慧。他们是我们走向未来的后盾，我们信任他们。

4. 依靠国家政府和立法机构

政府机构当然可以发挥效用。2017 年 9 月，英国上议院对人工智能和英国经济进行了调查，并于 2018 年 4 月公布了该调查报告，报告显示英国在人工智能的道德规范中发挥着独特的作用。美国国会也有类似的研究。2018 年 3 月，负责监督英国数字化进程的英国内阁大臣马修·汉考克声称，政府"将制定规则，以便利用技术来造福民众"。他还说，"科技公司的自由狂欢已经结束"。英国政府的"数字化宪章"规定了互联网安全和人工智能道德规范以及知识产权的规则和标准。政府当然需要采取强有力的引导措施，特别是在教育系统现代化和促进科学研究方面。伦敦大学学院的罗斯·拉金主张政府在人工智能教育中建立跨学科的专业知识中心，为深入研究提供长期资金支持，使其持续稳定地发展。她的这一主张是完全正确的。但这些属于国际问题，当互联网和科技公司在全球运营时，国家政府单方面的作用是极为有限的。

5. 依靠联合国

到目前为止，联合国是制定和监督人工智能治理框架的最重要的机构，所有国家和机构都应遵循这一框架，它可以确保人工智能的发展符合全人类和所有国家的弱势群体的利益，而不是仅仅造福于富人和强势群体。

五种回应

剑桥未来智能研究中心主任斯蒂芬·凯夫（Stephen Cave）说："我们只能一发即中。"我们应该采用各种策略来保证其成功。

1）应要求所有公司在使用人工智能方面完全透明，并对其内容负责。为什么我们对那些掌握我们详细资料的公司知之甚少？透明度必须是底线。牛津大学互联网研究所的桑德拉·瓦赫特称："我们需要将数据当成是人来看待。"蒂莫西·奥谢说："我们必须透明公开化。如果一个公司在收集有关个人和族群的数据，我们必须知道他们在做什么。"但是当这些公司拒绝透明化、选择欺瞒的时候会产生什么后果呢？

2）应坚持良行守则。正如奥伦·埃奇奥尼（Oren Etzioni）和卡莉莎·舍尼克（Carissa Schoenick）在为任何人工智能系统提出"三条规则"时所说的那样，我们应该控制对人工智能的操作及其影响。人工智能必须遵守适用于其创作者和经营者的相同的法律；它必须始终对自己不是人类这一事实持公开态度；而且未经消息来源批准，它不得透露机密信息。监督英国政府数字政策的官员马修·古尔德（Matthew Gould）明确表示，有效的规则是必要条件。但是当人工智能系统和公司忽视这些规则时，会有哪些制裁措施呢？

3）国家法律应要求公司服从和遵守。这些公司应该在获得利润的司法管辖区内纳税。但对于国际化科技公司来说，国家政府能有多大的影响力呢？

4）违反规则的所有公司和政府都应受到罚款和制裁，但正如美国政府和欧盟一直争议的那样，反垄断立法可能会导致大型科技公司拆解，不过到目前为止尚未有先例。拆分像亚马逊和脸书这样的公司会引发很多问题，但这不应该成为阻止我们这么做的理由，如果拆分大公司可以放慢人工智能的研究速度，这未尝不是一个福音。

5）应更新国际法框架，以确保其能够与人工智能的发展并进。这是最终决策和执法的核心。在这方面，国际性机构可以发挥关键作用：欧盟委员会已经开始对未能纳税的科技公司征收巨额罚款。但最终只有联合国才能确保秩序。在联合国成立 75 年之后，重大改革的时机已经到来，而改革将赋予联合国更加强有力的维稳工具。

专门针对教育机构的五项行动

在确保人工智能为全人类的利益服务方面，教育处于首要地位。我们需要从根本上重新审视我们的教育系统，我们要教育年轻人更加全面地发展，培养他们的人文精神和情怀，而不再满足于仅仅给予他们"工厂时代"的技能。

1）正如前文提到的 1945 年的哈佛大学报告中所指出的那样，必须结束学校早期就实行的专业化（英国在这方面特别糟糕），并且在大学设立共同的核心要素。所有学生都应该学习艺术和艺术史、哲学、数学、科学和语言。已经有强有力的证据显示，完全无须为了学术质量的广度而牺牲深度。正如英国皇家学会会长文契·莱玛克里斯南（Venki Ramakrishnan）所说："我们狭隘的教育制度鼓励早期专业化，但是它已经不适用于一个日益跨学科发展的世界了。"

2）重视所有教育阶段中的学生个体。教育应该越来越多地鼓励学生对学业项目、品格发展、解决问题、批判性思维、同理心、创业、领导力和幸福感等方面拥有个人理解，而不是只追求"正确"的答案；还需要开发学生的好奇心，以为他们的终身学习做好准备；医学院校需要在教育中更多地强调人的因素，以平衡纯科学和技术知识的学习。事实上，大学里所有的专业教育都需要首先考虑人的因素。

3）教职工准备。培训那些了解学习过程和分析学以及机器学习和人工智能的教职工，并投资可以为所有学生提供人工智能教学的最佳技术。正如玛格丽特·博登所说的那样："我们将不得不从小学开始教孩子们，因为变化的步伐非常激烈。"

4）个性化的学习准备。学生需要为个性化的学习计划做好准备，而学校必须迅速赶上学生的发展速度。同时，他们必须为终身学习做好准备，因为这种学习方式会迅速普及。学分转移将成为常态而非例外。所有的学生都应该学习计算机、数字化素养和人工智能素养，他们还应该学会理解人与机器之间的差异。威尔士政府在此方面的实践领先于英联邦其他地方。

5）为挑战做准备。学生应该受到挑战：需要将挑战纳入学校和大学的教育中。人工智能一直承诺可以让我们的生活更加轻松，但是当我们受到挑战时，生活其实会很充实。我们需要教育年轻人去迎接挑战，而不是逃避挑战。对斯蒂芬·赫佩尔而言，经历挑战让他收获颇丰。他说："我敢说，当今约有50%的儿童并没有处于有效的学校系统之中。"

五项教育福利

如果我们能够将人工智能变成我们的优势，我们就可以减少或消除早期教育阶段永远无法解决的五个固有问题，即：

1）社会流动性停滞不前或下降。

2）按年龄而不是按能力和理解程度进行学生分组。

3）行政化让教师们压力重重，无法投入教学。

4）学生学习的智力类型范围很小。

5）把学生同质化而非个性化的教育系统。

五个主要国家/集团

大多数国家发展人工智能的意识都在觉醒，只是许多人不知道如何回应它。有些国家试图扮演指路人的角色，比如美国目前就处于领先地位，但它在 10 年后还能处于引领地位吗？硅谷和美国其他地方的发展非常迅速。谷歌于 1998 年起家于一个车库，2018 年发展为每天拥有 42 亿次搜索请求的大型科技公司。2005 年，YouTube 创建于比萨饼店楼上的一个房间里，今天已经成为拥有 88 亿个视频的科技公司。

未来人类研究所的迈尔斯·布伦戴奇（Miles Brundage）相信，美国的发展势头会慢慢减弱。而中国渴望填补这一空白，努力在 2030 年之前将自己打造成全球首要的"人工智能创新中心"。我们已经看到，中国的阿里巴巴、百度和腾讯正在蓬勃发展，中国发表的关于人工智能的论文数量已是美国的两倍。也许我们不应该局限于硅谷，而应把注意力更多地转向位于深圳和上海的初创企业。《连线》英国版的创始编辑大卫·罗文（David Rowan）在 2018 年说："两年前我写道，是时候复制中国了。今天，我改变了说法，应该是：是时候重视中国了。"据《经济学家》杂志报道，中国已经从"大量数据、超强的计算能力和充足的生活资料"中受益很多。印度正在悄悄地紧随中国之后，并且欧盟也雄心勃勃，希望能在英国退欧后的世界舞台上，在人工智能方面占有一席之地。

说到这里，让我们一起来看一下英国人工智能的发展现状。很明显，英国在某些方面已经落后了，在英国每 10 000 名工人中有 33 个机器人，而美国有 93 个，日本有 213 个。但英国一直在快速追赶，英国首相于 2017 年 11 月宣布了人工智能引领工业的战略计划。伦敦已经筹资创立了许多数字科技公司，其资金投入量是其他任何欧洲国家重要城市筹建数字科技公司的两倍。东伦敦的初创企业数量从 2008 年的 16 个上升到 2018 年的 6000 个左右。2010 年，大卫·卡梅隆（David Cameron）和顾问罗汉·席尔瓦（Rohan Silva）创立了科技城，推动了伦敦"硅谷岛"区域的发展。但大部分的协调方面的驱动力来自于利亚姆·麦克斯韦（Liam Maxwell），他现在是英国政府首席技术顾问，之前是一位学校教师。记者哈利·德·凯特维尔（Harry De Quetteville）认为，就大部分评价指标而言，英国已成为世界上最强大的技术中心之一。

抛开源于爱国主义的夸张不说，英国决心成为人工智能的全球参与者，尤其是在人工智能伦理方面，这一点已是不争的事实。国际竞争在推动技术创新和多样化发展以及消费者选择方面发挥着重要作用。然而在某些时候，关于人工智能的国际合作必须取代狂热的爱国主义。因为人工智能的好处和风险无法以单个国家来衡量，它注定是全球性的。

四项终极反思

1. 快乐与幸福

第一次教育革命至第三次教育革命关注的是快乐的最大化和痛苦的最小化。第四次教育革命为那些勇于接受挑战、内心充实、积极快乐的学生敞开了大门，他们将能够为自己的幸福负责。幸福，完全不同于快乐。

2. 封闭与开放

前三次教育革命在挑战封闭式思维方面做得不够，比如什么才是"正确"答案，优秀与否完全由同行评审和学术院校决定，什么是个人成绩和集体成就等。第四次教育革命将为民族不同、信仰和背景不同的人带来更强的开放性。集体将变得与个人一样重要。互联网已经为学术合作铺平了道路，并对学术合作产生了重大的影响，较为著名的例子是 5000 名作者合作完成的关于希格斯玻色子（*Higgs Boson*）研究的论文。在这个时代，如果我们说思考并不是最重要的，不应再被认为是无稽之谈。

3. 大脑与全身心

在前三次教育革命中，大脑被放到了极其重要的位置。然而，大脑永远无法令人满意地回答"为什么"这个问题，因为它永远无法解决最终级的问题或做出最深层次的理解。只有使用更广泛的能力和智力的个体（包括打开身体智能和心灵开放的能力），才能发现深刻的真理。正如美国神学家理查德·罗尔（Richard Rohr）所写的那样，"深刻的认识和存在不会发生在我们的思维中。要想真正了解某些事物，我们的全身心必须是开放和清醒的"。

4. 惧怕未来与相信现实

无论怎样，我们都不能害怕未来。第三次教育革命几乎没有质疑经常徘徊在过去和未来的头脑思维。第四次教育革命时期，在先进技术（如像 Headspace 这样的应用程序）的帮助下，我们将学会生活在当下。这样做会带给我们一个完全不同的生活体验。哲学家和小说家艾丽丝·默多克（Iris Murdoch）在其晚期的作品中，包括《善良的主权》（*The Sovereignty of Good*），主张一种有意识的、当下的生活方式。借鉴法国神秘哲学家西蒙娜·韦伊（Simone Weil）的作品，她要求我们将注意力集中在"好"和当下，因为这样做会将我们与"事物的本体"联系起来。她说，当下是"我们最终的目标"。这样做会使我们变得"谦虚"：因为这样的人会"认为自己没有什么了不起"，并且可以"客观地看待事物"。当我们有完全的觉察，能完全地处在当下时，我们对生命本身会有更深的认知，但我们只能依靠心灵和身体去体验到这一切，而不是仅靠思考。只有通过活在当下，通过对起伏的念头和情感有觉察，我们才能够完全觉醒（睡醒），完全像个人一样活着，而人工智能是永远达不到这个状态的。

结论：三个大思想家的观点以及总结

未来会怎样？史蒂芬·平克是乐观主义者，而且我们理应如此。在他的著作《当下的启蒙》中，他从启蒙运动得到启发，主张我们有能力系统地运用知识解决问题，这样我们会活得更长久、更快乐、更有意义。但他警告我们不要洋洋自得，因为启蒙运动告诉我们，人的主观能动性是至关重要的，要进步还是要灾难，都由人的一念决定。对于新近入职的牛津大学马丁学院的伊恩·戈丁来说，文艺复兴赋予了他灵感，他认为我们的时代是"第二次文艺复兴"，因为当今时代的特点和"发生在五个世纪前的不可阻遏的知识创新、贸易、移民和社会摩擦的大融合"一模一样。他同时强调，个人和政府需要做出明智和智慧的决定，通过向外看，照顾那些无依无靠的人并歌颂人类的美德和艺术。如果做的正确的话，我们可以"共同创造一个在 2500 年都会经常被提到的繁荣世界"。历史学家尼尔·弗格森同样对过去的 500 年做了回顾，他发现了另一个具有里程碑意义的事件："若对因特网的全球影响做个类比的话，最好的参照就是印刷机对 16 世纪的欧洲的影响"。

我们的总结在印刷机被发明的第三次教育革命时期结束。那场革命并没有实现它对进步、公平、正义的追求，这在一定程度上是因为启蒙运动坚持理性以及笛卡尔对人的意义的狭隘理解。第四次教育革命将会非常不同，它也需要非常不同。

人工智能将解放还是弱化人类？这个问题的最终答案是什么？答案是，我们无法确定，因为任何可能性都是有的。确保建立能够充分培养我们的人文潜质的正确教育体系比任何事情都更重要。是什么决定我们能否做出正确的选择？是我们的行动决定的，我们是决策者，而且只有我们才能是决策者。